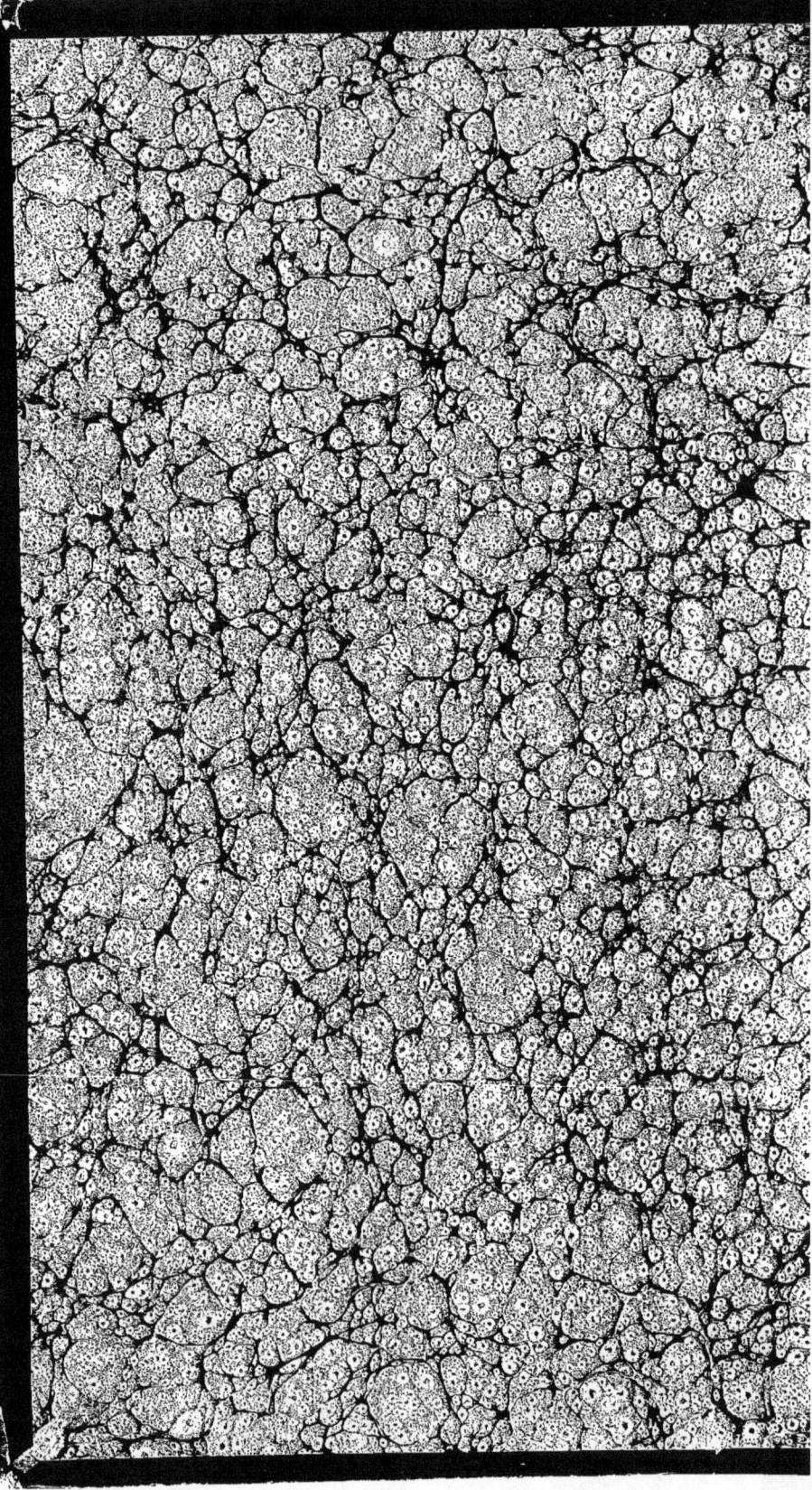

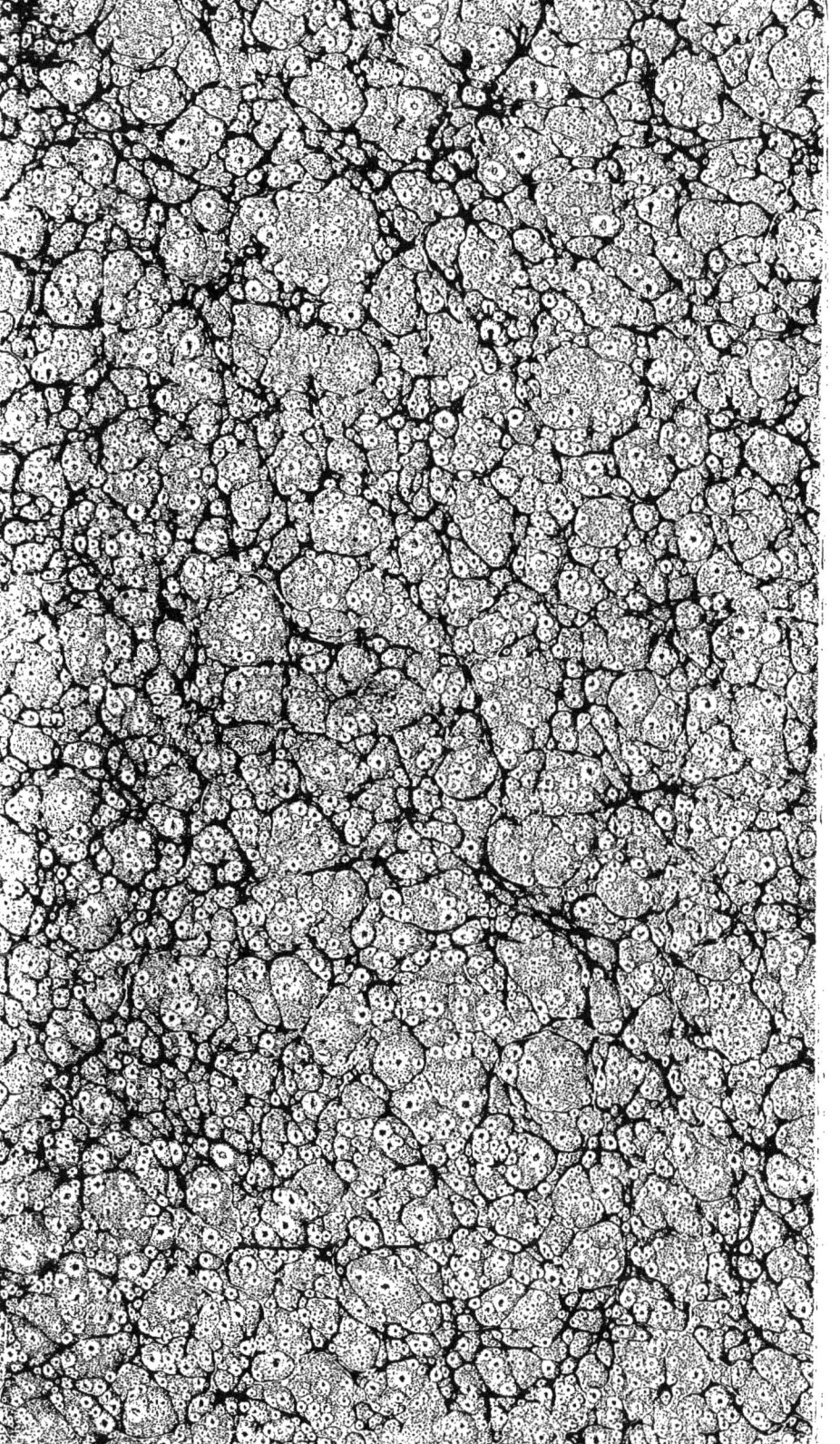

G

𝔒𝔩𝔩𝔦𝔳𝔦𝔢𝔯, 𝔏𝔦𝔟𝔯𝔞𝔦𝔯𝔢-𝔈𝔡𝔦𝔱𝔢𝔲𝔯.

SOUVENIRS

D'UNE

AMBASSADE

ET D'UN SÉJOUR EN ESPAGNE ET EN PORTUGAL, DE 1808 A 1811;

PAR

LA DUCHESSE D'ABRANTÈS.

2 beaux vol. in-8°.

Il n'y a guère eu, à notre époque, de succès moins constaté et plus franchement populaire que celui des *Mémoires* de madame la duchesse d'Abrantès. Le secret de cette éclatante réussite littéraire était non seulement dans le piquant des révélations et dans l'entraînant intérêt d'un livre qui savait allier tout le mérite d'un récit historique attachant au gracieux et captivant tableau de l'intérieur d'une femme du grand monde ; cet intérêt était encore dans l'allure vive et dégagée d'un style naturel et saisissant, dans les éminentes qualités de la plume, qui se prêtait aux capricieuses sinuosités d'une imagination féconde, d'un esprit fin et malicieusement observateur. Descendante d'Anne Comnène, alliée à l'un des grands capitaines de l'Empire, mêlée à toutes les gloires, à toutes les illustrations de ce siècle, Mme d'Abrantès était dans une position unique et exceptionnelle, qui lui présageait d'avance le succès, pour toutes les confidences qu'elle voudrait bien faire au public. Ayant commencé dans le monde politique et finissant dans le monde littéraire, en restant toujours femme d'esprit, Mme d'Abrantès avait aussi deux avantages d'où procède son éclatante supériorité, c'était de pouvoir prêter un grand style à de grandes choses, et d'allier le mérite poétique à cet immense drame de l'Empire qu'elle racontait aux hommes de son temps. Il y avait encore dans la manière de Mme la duchesse d'Abrantès un autre élément de succès. C'est qu'ayant connu les hommes qu'elle peignait, et mêlée elle-même naguère aux choses qu'elle voulait redire, elle donnait au côté particulier et individuel une réalité frappante et neuve par les détails. Le livre que nous annonçons, bien qu'infiniment plus court que les *Mémoires*, et resserré dans les proportions d'une chronique féminine colorée et attrayante, a de plus tout l'intérêt d'un voyage, tout le piquant des révélations d'une histoire du haut monde. Mᵐᵉ d'Abrantès était bien jeune alors, et son livre ne fait que gagner à la vivacité de ces émotions d'une femme au début, qu'on voit figurer tour-à-tour en Portugal et en Espagne, comme ambassadrice et comme gouvernante, au nom de la France et de l'empereur. Ainsi placée à la tête d'un pays qui ne nous est guère connu, malgré le caractère original qu'il présente, Mᵐᵉ d'Abrantès devait puiser, dans sa haute position comme dans sa sensibilité, de curieux souvenirs. Ce sont ces Mémoires d'une ambassade en Portugal que nous publions aujourd'hui. Peut-être nous resterait-il à parler du style du livre? Mais la vive sympathie que l'auteur a toujours trouvée dans la presse, l'accueil que le public réserve d'ordinaire à ses productions, nous serait un sûr garant, si nous ne connaissions d'ailleurs tout l'esprit, toute la verve de la plume préférée qui a écrit l'*Amirante de Castille*.

EN VENTE CHEZ

Ollivier, Libraire-Éditeur, à Paris,

RUE St-ANDRÉ-DES-ARCS, 25.

A LA MÊME LIBRAIRIE.

—

JULIE NORVICH,
par l'auteur de *Tryvelyan*.

—

UNE RÉPUTATION DE JEUNE FILLE,
par Paul Foucher.

—

MADAME PUTIPHAR,
par Pétrus Borel.

PARIS. — IMPRIMERIE DE TERZUOLO,
RUE DE VAUGIRARD, N° 11.

SOUVENIRS

D'UNE

AMBASSADE

EN ESPAGNE ET EN PORTUGAL.

EN VENTE :

Julie Norvich, par l'auteur de *Tryvelyan*. 2 vol. in-8.
Madame Putiphar, par Petrus Borel. 2 vol. in-8.
Physiologie du Mariage, par de Balzac. 2 vol. in-8.
Elisa Rivers, par l'auteur de *Tryvelyan*. 2 vol. in-8.
Newton Forster ou le Marin, par le capitaine Marryat. 2 vol. in-8.
Le Pirate et les trois Cutters, par le même. 2 vol. in-8.
Une Réputation de Jeune Fille, par Paul Foucher. 2 vol. in-8.
Les Concini, par Brisset, auteur *des Templiers*. 2 vol. in-8.
Simon-le-Borgne, par Michel Raymond. 2 vol. in-8.
Tryvelyan, par l'auteur d'*Élisa Rivers*. 2 vol. in-8.
L'Anneau de Paille, par H. Bonnellier. 2 vol. in-8.
Henri Farel, par Louis Lavater. 2 vol. in-8.
Sous les Tilleuls, par Alphonse Karr. 2 vol. in-8.
Une Heure trop tard, par le même. 2 vol. in-8.
Physiologie du Ridicule, par Mme Sophie Gay. 2 vol. in-8.
Anatole, roman, par la même. 2 vol. in-12.
Un Secret, par Michel Raymond. 4 vol. in-12.
Hélène, par miss Edgeworth (traduit par madame Belloc). 3 vol. in-8.
Mémoires de Madame d'Abrantès. 18 vol. in-8.
Le Chemin le plus court, par Alphonse Karr. 2 vol. in-8.
Valérie, avec Notice, par Sainte-Beuve. 2 vol. in-8.

SOUVENIRS

D'UNE

AMBASSADE

ET D'UN

SÉJOUR

EN ESPAGNE ET EN PORTUGAL, DE 1808 A 1811;

PAR

LA DUCHESSE D'ABRANTÈS.

1

PARIS
OLLIVIER, LIBRAIRE-ÉDITEUR,
RUE SAINT-ANDRÉ-DES-ARCS, 33.
1837

IMPRIMERIE DE HENRI DUPUY, RUE DE LA MONNAIE, 11.

CHAPITRE I__er__.

Bayonne. — Les Landes de Bordeaux. — Entrée en Espagne. — Les trois provinces Vascongades [1].—Vitoria, Tolosa et Hernani.

Lorsque pour la première fois je quittai la France pour entrer en Espagne, je fus surtout frappée de l'aspect du pays au moment où je jetai les yeux sur les Landes qui, après Bordeaux, s'étendent depuis Langon jusqu'à

---

[1] On appelle ainsi la Biscaye, l'Alava et le Guipuscoa : les trois capitales sont Saint-Sébastien, Vitoria et Bilbao.

Bayonne. C'est un paysage tellement différent de celui qu'on voit habituellement dans les contrées du nord de la France, qu'on est d'abord surpris désagréablement en traversant d'immenses plaines, seulement coupées par des pins [1] au tronc dépouillé de feuillage, et dont le vert foncé attriste plutôt qu'il n'égaie la contrée. Mais pour peu qu'on fasse ce voyage comme je l'ai fait, aux mois de mars et d'avril, on éprouvera un plaisir réel à parcourir ce même pays qui d'abord paraît si peu agréable à l'œil, surtout si on s'occupe de botanique. Alors ce voyage sera un continuel enchantement, et depuis le commencement des Landes jusqu'à Lisbonne, on est sûr de ne pas faire une lieue sans trouver un beau point de vue, une plante rare à admirer, et la plus riche, la plus abondante végétation, ce qu'en général on ne trouve plus ni en Italie, ni dans aucune des contrées du Nord.

[1] Ce pin est le *pinus maritima*. Sa forme est admirablement gracieuse; son tronc élancé et parfaitement droit en fait l'ornement de ces lieux déserts.

Les Landes, de Bordeaux à Bayonne, sont divisées en deux parties : les grandes Landes et les petites Landes. Quoique formées par la même substance, un sable très-fin que les vents de la mer poussent sur l'intérieur des terres pour l'envahir, ces deux parties sont fort différentes. Les petites Landes sont plus arides peut-être; elles sont surtout incommodes à traverser après les grandes pluies d'hiver, à cause des nombreuses flaques d'eau qui se rencontrent à chaque pas et vous arrêtent en chemin. Dans les grandes Landes on voit quelques bois formés de chênes verts sur lesquels on récolte le liége, semblables à ce même chêne vert qu'on voit en abondance dans les environs de Braga en Portugal; si ce n'est cependant que les nôtres sont infiniment plus beaux et surtout plus élevés que les arbres à liége de Portugal. Le terrain est aussi plus agréable à parcourir, ce qu'il est indispensable de faire, car les chevaux ne sauraient aller plus vite qu'au pas dans ce terrain sablonneux, par la grande quantité de bruyères particulières au midi de l'Europe. La première fois que je vis cette abondance de belles bruyères que je ne voyais à Paris que dans les orangeries, j'avoue que je ressentis un grand plaisir à fouler aux pieds le tapis diapré que m'offraient cette foule de plantes aux vives couleurs dont la terre était couverte. Indépendamment de l'*erica vulgaris*, l'*erica ciliaris*, *scoparia cinerea*, *vagans*, on trouve une quantité de plantes non-seulement rares dans la partie tempérée de la France même, mais d'une beauté qui se reflète dans le paysage. Un grand nombre de *cistes*, cette famille si étendue, se montrent dans les Landes sous une forme admirable et d'une hauteur que je n'ai retrouvée que près du Puerto del Miriavete en Estramadure. Cette espèce de ciste est le ciste *à la feuille de sauge*. Je fus surprise de trouver en abondance l'œillet des jardins [1]. C'était à la vérité près de Bayonne : la chaleur

---

[1] *Dianthus cariophyllus*, ainsi que l'*arenaria triflora*, le *saxifraga cuneifolia*, *draba aizoïdes*, et le *cestus laurifolius*, que je n'ai vu que là.

y est extrêmement forte; et les plantes qui croissent dans ses environs sont une preuve que la localité fait beaucoup pour la température, et non pas le degré de latitude ou de longitude. C'est ainsi que j'ai admiré, car je le voyais pour la première fois hors de l'Italie, le laurier croître de lui-même dans les haies, pittoresquement enlacé par la grenadille, et mêlé au joli arbrisseau qu'on appelle dans le pays *grémil* [1]. Dans les grandes Landes [2], ce qui donne un aspect encore plus étonnant au pays, ce sont des champs de vignes qu'on rencontre assez fréquemment sur les dunes qui bordent la mer, dans les environs du *cap Breton*. Le vin qu'elles donnent est peu connu; mais il était fort estimé par le duc d'Abrantès [3] qui, chaque année, en faisait toujours venir quelques pièces. Les dunes offrent un terrain moins pierreux

---

[1] *Lithospermum fruticosum.*

[2] C'est dans ces Landes particulièrement que se voient les échasses, ainsi que le costume en peau de mouton.

[3] On sait qu'il était très-grand connaisseur en vins et que sa cave était une des belles caves de l'Europe.

que celui qui est au-dessous d'elles. Celui-ci est couvert de pierres que la Garonne, l'Adour et la Nive y charient des Pyrénées.

A peu près à une demi-lieue de la mer est située Bayonne; j'en parle, quoiqu'elle soit ville française, parce qu'elle ressemble si exactement à une ville espagnole qu'on croit y être déjà. La ville, par elle-même, est riante et agréablement située, dans le fond de la baie de Biscaye, l'un des passages les plus dangereux de l'Europe. C'est par un mouvement continuel de la mer au nord-ouest, dont on s'aperçoit dès qu'on quitte le canal, que les flots sont incessamment poussés dans le golfe.

Bayonne est séparée de son faubourg ainsi que de sa citadelle par l'Adour et par la Nive; la physionomie de la ville est tout-à-fait espagnole. On y voit des balcons à presque toutes les maisons, et beaucoup d'arcades; ce qui est le type de la construction espagnole et italienne. La grande Place, qui s'est appelée si long-temps *Place de la Liberté*, est surtout embellie par la promenade qui lui sert d'avenue et qui est charmante; elle est plantée sur les bords de l'Adour. En général, je fus frappée du mouvement que je remarquai dans la ville et aux environs. Nous étions en guerre à cette époque avec l'Angleterre, et nous n'osions pas mettre de vaisseaux en mer, qu'ils ne fussent pourchassés. Cependant les armateurs tentaient tous les jours de nouvelles expéditions, et notre banquier, M. Dubrocq, nous dit qu'elles étaient presque toutes heureuses. La rivière était couverte de bâtimens. J'y vis aussi plusieurs frégates qui n'attendaient que leurs canons et quelques agrès; plusieurs vaisseaux étaient sur les chantiers. J'allai me promener sur le port, dont l'entrée bien étroite est peu commode. Elle l'était encore bien moins, me dit M. Dubrocq, avant qu'on fît quelques travaux ordonnés par l'Empereur. Cependant, au moindre vent frais, la mer est tellement agitée, qu'on a la plus grande peine à franchir la barre. Je fus témoin d'un naufrage qui fut d'autant plus beau et pittoresque que les suites ne mirent personne en deuil. Il ne périt aucun passager ni aucun matelot. C'était un bâtiment marchand richement chargé, venant de Madère. On me dit que le capitaine qui commandait était tellement heureux, que ce voyage était le *trente - troisième* sans qu'il eût éprouvé aucun empêchement de retour. Aussi tous les négocians de Bayonne voulaient l'avoir; on se le disputait.

A Bayonne, le peuple parle la langue *biscayenne* ou basque. On m'a affirmé qu'il y avait une fort grande différence entre les deux idiômes basques (français et espagnol), et que cette différence était si grande que les Basques espagnols et les Basques français ne se comprenaient pas entre eux. Comme c'est, dit-on, le langage le plus difficile qui existe, je ne fus pas tentée d'en acquérir la preuve par moi-même.

Cependant je voulus connaître au moins la prosodie de cette *langue-mère* qui a, dit-on, tant de milliers d'années d'existence, et je m'en fis dire plusieurs phrases pour juger de son harmonie. Elle me parut très-douce et même harmonieuse, ou plutôt mélodieuse; les sons gutturaux lui manquent presque entièrement : ce qui est une preuve qu'elle est une langue mère; car, sans cela, elle aurait reçu l'influence de la langue arabe que ses voisins ont adoptée en grande partie dans le cours des longues guerres que les Espagnols ont eu à soutenir contre les Maures pendant tant de siècles. M. de Rayneval, qui était présent à l'expérience de l'essai que nous faisions, décida que la langue basque *française*, quoique évidemment *mère*, avait reçu quelques expressions du latin, à l'époque où les Romains vinrent en Espagne. Lorsque plus tard je revis Garat à Paris, je lui racontai notre séance académique de Bayonne, et je le fis rire en lui disant notre jugement. Cependant il finit par devenir sérieux et convint que nous avions raison; et ce que je recueillis de plus positif de cette tentative *littéraire*, ce fut d'entendre Garat me chanter une chanson patoisé dans le plus pur idiôme basque, une chanson dont il me dit les paroles ensuite en français et dont la musique *était de lui*. Cette partie des Pyrénées est heureusement dotée par la Providence; elle donne à l'Etat les meilleurs soldats de l'armée; ils se firent longtemps appeler *Cantabres*, de leur ancien nom sous les Romains, ce nom sous lequel ils ne furent jamais vaincus! Ce sont ces mêmes hommes que sous Louis XIV on appelait *Miquelets*. Les femmes sont charmantes; leur teint est blanc, leurs yeux sont noirs et expressifs, leur taille svelte et remplie de grâces, les traits réguliers, et le regard plein de feu. J'ai vu à Biaris une jeune paysanne qui conduisait un cacolet [1] et dont la beauté l'aurait emporté sur celle des femmes de la cour de l'Empire, et alors on peut dire avec orgueil pour sa patrie, qu'elle en avait un bon nombre de

[1] Le cacolet est fort ingénieux : c'est un panier double fait comme un fauteuil. La conductrice du cacolet se place dans l'un des paniers et fait ainsi contre-poids, tandis que le voyageur se met dans l'autre.

belles, de cette beauté qui n'a pas besoin de parure et qui avait triomphé déjà sans cet auxiliaire.

Biaris est un lieu que je recommande aux voyageurs qui auront quelques jours à donner à un séjour à Bayonne. Ses grottes sont belles, et puis il y a une belle histoire dramatique et touchante à entendre des jolies petites paysannes qui conduisent les cacolets; elles la disent à merveille, et j'irais à Biaris pour entendre seulement *l'histoire de la jeune fille imprudente et du contrebandier*, comme le disait Jeannette, ma jeune conductrice de cacolet.

Un jeune homme et une jeune fille de Bayonne, n'ayant pu obtenir l'aveu de leurs parens pour se marier, se voyaient souvent dans la grotte de Biaris. Cette grotte avait un sable fin pour tapis et une solitude entière pour attirer les jeunes amans. Ils ne le surent que trop! Et un jour les eaux les enfermèrent dans une des grottes de la côte, et ils y périrent.

Lorsque Jeannette me contait cette aventure, elle pleurait véritablement et faisait pleurer les autres, tant il est vrai qu'on ne donne de l'émotion que lorsque l'on est ému soi-même.

Mon mari m'avait prévenue de la difficulté des routes et des mauvais chemins que nous trouverions en Espagne. Il m'avait dit qu'il existait trois routes pour y entrer et qu'elles étaient à mon choix ; mais celle de Saint-Jean de Luz étant la plus belle, ce fut celle que je suivis. En conséquence on fit prévenir un muletier qui était dans la ville ; il vint et fit un marché qui d'abord nous parut fabuleux pour la cherté du prix. Cependant, en réfléchissant que nous avions cinq voitures et qu'il y avait cent cinquante lieues de Bayonne à Madrid, nous comprîmes que cet homme n'était que raisonnable. Nous conclûmes ; et le jour où je devais entrer en Espagne, on mit à ma voiture le plus singulier attelage que j'eusse jamais vu. Cet attelage était composé de sept mules n'ayant d'autre frein que la voix et la volonté de leur conducteur ; elles ne tiennent à la voiture que par une simple corde : c'est là leurs traits; chaque mule en a une fort longue qui vient seulement se rattacher au centre commun qui est la cheville ouvrière. Le *majoral* (chef) se place quelquefois sur ces cordes qui forment un petit coussin ; mais il profite peu de cette prérogative de sa charge de *majoral*, et presque toujours il est à côté des mules pour les exciter et les faire marcher en les nommant seulement par leur nom, car toutes les mules d'un attelage sont baptisées ; et leur nom est fait pour l'usage auquel il sert. C'est *la cacucha*, *la carbonera*, *la capitana*, *la juana*, etc., etc.; et habituellement ces noms sont dits d'un ton traînant et nasillard. La mule, qui a appris son nom à force de coups de fouet, a gardé un si terrible souvenir de son éducation, qu'il suffit de lui prononcer ce nom pour la faire marcher plus vite. La vigilance du *zagal*, adjoint du *majoral*, rassure bientôt le voyageur ; mais il ne faut rien moins que cette vigilance pour détruire ses inquiétudes, en voyant ces bêtes quinteuses lancées au galop sur les chemins les plus escarpés des Pyrénées. J'avoue que le premier jour je fus effrayée ; et puis ensuite ce danger me plaisait, et le troisième jour je voulais écrire en France pour engager mes amis à faire prendre la mode des *coches de colléras*.

Mais ce qui est beaucoup moins susceptible de donner l'envie d'en suivre la mode, c'est la façon dont on est traité sur les routes dans ce qu'ils appellent une auberge. Il faut y porter son lit si l'on y veut dormir, son souper si l'on y veut manger, et son silence si l'on veut reposer. Mais comme cette dernière chose est impossible, il suit de là qu'on ne peut dormir pendant une heure [1]. C'est ce qui rendait pour moi le voyage insoutenable, tandis que je l'aurais aimé sans cet inconvénient, car l'originalité, le type particulier à la nation espagnole, me donnait une volonté de connaître à fond ce peuple si loin de

---

[1] Le curieux de la chose, c'est que le lendemain l'hôtesse vous demande une piastre, quelquefois deux, pour le *ruido de casa* (bruit de la maison).

nous et que nous connaissions si peu malgré nos fréquens rapports et nos relations avec lui... Maintenant quelques auberges sont établies sur les principales routes; mais c'est plutôt un mal qu'un bien, parce qu'on compte trouver ce qu'on veut, et l'on ne trouve rien. On croit être à l'abri de la disette, et l'on ne trouve pas même du pain... L'aubergiste espagnol est toujours le même que celui qui reçut Sancho Pança en lui disant qu'il n'avait qu'à demander, et qu'en volailles, poissons, gibiers, fruits, légumes, il aurait TOUT.... Et Sancho fut heureux de souper avec deux pieds de bœuf aux oignons.... Ce type tracé il y a deux cents ans est encore parfaitement ressemblant aujourd'hui, et me donne une grande idée de la profondeur d'observation de Cervantes.

Le chemin de Saint-Jean de Luz cotoie les Pyrénées qui, dans cette partie, sont de bruyères et d'ajoncs [1]. Cette dernière plante

---

[1] *Ulex europœus.*

vient et croît à une très-grande hauteur dans cette partie de l'Espagne. L'effet qu'elle produit par la foule de jolies fleurs jaunes dont elle est comme parsemée est charmant. Elle contribue beaucoup à embellir la route de Bayonne à Saint-Jean de Luz, où l'on arrive après trois heures de chemin. Saint-Jean de Luz est une jolie petite ville qui produisit sur moi une singulière sensation par son silence pour ainsi dire, après la ville que je venais de quitter, où tout était mouvement et industrie... La mer, très-impétueuse à Saint-Jean de Luz, a toujours détruit l'ouvrage de l'homme. C'est la seule chose curieuse à voir que cette mer furieuse s'élançant avec une telle violence qu'on croit qu'elle va engloutir la plage sur laquelle vous l'attendez. Elle arrive en grondant... La vague forme comme une montagne d'eau, et cette vague vient mourir sur la grève. Je demeurai là plus d'une heure à regarder cette lutte de la nature qui voulait détruire l'ouvrage humain avec une intention presque marquée. Ce fut ainsi que je me reposai des fatigues de trois lieues d'un chemin raboteux et difficile. Je remontai en voiture et passai ensuite un petit bras de mer sur un pont au-delà duquel est le faubourg de Sibourre, et bientôt après on aperçoit le clocher d'Orogne, village où la Bidassoa fait la limite des deux royaumes. Les montagnes en ce lieu sont toutes escarpées et se resserrent; on passe la Bidassoa sur un pont de bois peint en rouge, du milieu duquel on peut voir l'île où Louis XIV vint chercher l'infante Marie-Thérèse... Une forêt de tamarins [1] est au bord de la Bidassoa, qui doit être bien fière d'avoir reçu le nom de rivière; celui de ruisseau lui siérait beaucoup mieux.

En sortant de France, on entre en Espagne par la province de Guipuscoa, qui forme une partie de la Biscaye espagnole. Ces trois provinces de la Biscaye [2] méritent quelques détails particuliers, car cette partie de l'Es-

---

[1] *Tamarix gallica.* J'en ai vu de bien plus beaux en Portugal.
[2] Guipuscoa, Biscaye et Alava, autrement Vascongades.

pagne forme un contraste parfait avec la vieille Espagne. Ces détails feront voir que Don Carlos en allant se joindre à ces provinces a bien compris ses intérêts.

Avant la dernière révolution, ces trois provinces avaient leur gouvernement particulier, et, dans les provinces de Biscaye et de Guipuscoa, les ordres du roi n'étaient exécutés qu'après que l'administration leur avait donné son *exequatur;* il y avait une assemblée générale tous les ans, où l'administration rendait un compte des deniers publics. Là venaient des députés de toutes les communes. Ces députés étaient élus par les corps municipaux[1], qui sont à leur tour élus par les hommes actifs qui possèdent quelque chose.

Voilà quel était le gouvernement qui avait été accordé à ces trois provinces par Ferdinand et Isabelle. Ils leur octroyèrent cette constitution qu'on appelle la constitution *del arbol,* parce qu'elle leur fut donnée sous un arbre. Elle

[1] *Ayuntamientos.* Cette forme démocratique représentative est bien plaisante.

était conservée dans un ermitage près de Vitoria comme une sainte relique.

Ce gouvernement démocratique au milieu de la Péninsule, qui à cette époque avait le gouvernement le plus despote qu'il y eût en Europe, même en comptant la Russie, m'a toujours offert un texte à d'amples commentaires. Il y a plus : ces provinces ne payaient au roi aucun impôt, si ce n'est un don gratuit[1] ; et encore le leur demandait-on rarement... Voilà ce pays, qui est aujourd'hui le foyer de la guerre, l'espoir de la révolte, et, je crois bien, la perte de Don Carlos ; car il a cru que ces provinces combattaient pour lui, tandis que je suis convaincue qu'elles ne combattent que pour le maintien de leurs priviléges.

Ces provinces, au reste, sont peu favorisées par la nature ; elles manquent de blé, particulièrement le Guipuscoa et la Biscaye ; mais la troisième, celle d'Alava, est non-seulement assez fertile pour se nourrir, ainsi que ses deux

---

[1] *Donativo.*

sœurs; mais elle exporte du grain en Castille et en Navarre. Je fais cette remarque, qui n'est pas sans intérêt aujourd'hui pour indiquer quelles sont les ressources de ce pays insurgé [1]. Du reste, ces provinces sont très-peu peuplées pour faire autant de bruit. La province d'Alava n'a pas au-delà de 71,000 habitans, étant à la vérité la moins peuplée; mais l'excédant des autres n'est pas nombreux. La Biscaye en compte à peu près 116,000. Le Guipuscoa est la plus peuplée des trois : elle contient 120,000, sur une surface de cinq à six lieues de large, sur dix-sept ou seize de longueur. Le littoral de cette province est habité par des matelots et des pêcheurs. La province, dans son intérieur, est peuplée par de bons paysans. Les Guipuscoans furent paisibles jusqu'à l'époque de notre première révolution. C'est nous qui leur avons fait le funeste cadeau du trouble et de l'amour de la guerre. Depuis ce temps, ils ne furent jamais en repos, et dans

---

[1] Dans les années 1790 et 1791, la récolte de grains a valu comme profit à la province d'Alava un million et demi de nos livres.

leur révolution personnelle, ils pensèrent fort judicieusement que, puisqu'ils avaient tiré l'épée, il la fallait laisser hors du fourreau pour maintenir leurs droits. C'est ainsi que se fit la révolution des *Vascongades*, qui du reste se regardent bien comme Espagnols, mais avec de telles modifications, qu'un étranger voulant se faire naturaliser en Biscaye, est obligé, fût-il Castillan, de prouver sa *filiation*[1]; ainsi, d'être né en Espagne ne prouve rien pour la Biscaye.

La route étroite, mais toujours excellente, malgré les dégradations qu'auraient dû faire les fréquens passages de troupes pendant la guerre de 1808 à 1813, qui conduit à Madrid, passe par des montagnes hautes et presque continuelles : les vallées sont bien cultivées; on y sème du maïs, des raves, et sur les collines on voit des bois de châtaigniers et de chênes ordinaires; les montagnes sont toutes calcaires, souvent approchant de l'ardoise. On voit

[1] Prouver qu'on n'est ni juif ni hérétique, c'est-à-dire fils de vieux chrétiens.

conséquemment peu de roches solides ; mais sur la cime des montagnes les pierres sont nues et brisées. Ces fragmens couvrent les coteaux.

Une autre différence très-marquée, qui existe entre les Biscayens et les Espagnols, c'est l'activité, la propreté et l'industrie des premiers, comparées à la paresse des seconds. Il sont actifs, propres, intelligens, plus vifs, non par la même violence, mais comme activité. La ressemblance que je trouve est entre les Biscayens et les Portugais, les femmes surtout ; elles ont le même enjouement et la même bonne grâce hospitalière, qualités que l'Espagnol peut avoir, mais qu'il ne vous témoigne pas ouvertement.

La première petite ville qu'on rencontre en entrant en Espagne, est Hernani : elle est construite à la manière des Maures. Il y a peu de fenêtres ; les maisons ne reçoivent presque pas de jour par les croisées ; il vient par la porte, dans laquelle sont, pour cela, pratiquées deux lucarnes ; c'est un usage qui, à partir de cet endroit, devient très-commun en Espagne. On trouve toutes les chambres d'auberges (posadas) garnies d'images de saints, appliquées contre le mur recrépit à la chaux vive, et voilà tout. Les images les *plus à la mode* sont celles de la Vierge ; on la voit en Espagne sous toutes les formes. Ce sont des *verdaderos retratos de Nuestra Señora de Burgos*, ou *del Pilar*, etc.— La Vierge est bien plus priée en Espagne que Dieu même.

Les églises sont fort riches, et même quelques-unes sont somptueusement élégantes. Il y a plusieurs années qu'il y avait une coutume que je trouvais très-belle : c'était de mettre dans les églises des caisses de fleurs et des volières remplies d'oiseaux. Cette coutume m'a toujours paru admirable, et je n'ai jamais conçu comment on l'avait abolie. Elle ne pouvait distraire ; au contraire !

Les cloches ont un inconvénient terrible en Espagne : c'est d'être placées beaucoup trop bas. Elles sont dans un mur intérieur de l'église ou du clocher ; c'est un usage tout-à-fait particulier à l'Espagne, car en Italie elles sont placées comme dans tous les pays chrétiens.

Hernani est dans une petite vallée formant une plaine qui n'est qu'un verger ; les fruits sont très-abondans aussi dans Hernani. C'est une des joies de ma vie de me rappeler combien je fus surprise agréablement à la vue de ce paradis, je puis le nommer ainsi, que je trouvai après avoir traversé les rochers infernaux de *Pancorvo ;* je trouvai cette abondance de fruits qui indiquait une terre fertile : les arbres ployaient sous le poids des prunes, des abricots, des poires d'été, et de fruits particuliers à l'Espagne, qu'on ne trouve pas ailleurs [1].

Après Hernani, on trouve une autre vallée aussi agréable, arrosée par la petite rivière d'*Oria*, qui conduit à la jolie ville de Tolosa. Alors commence un pays ravissant pour tous les tableaux qu'il vous présente à chaque pas : des villages, des maisons isolées, des églises, des monastères pittoresquement placés, une vieille tour romaine sur le sommet d'un rocher,

---

[1] Ceci eut lieu à mon retour en France lorsque j'y revins en 1811.

des prairies bien vertes, des eaux limpides, des bois frais et ombreux, voilà quelle est la décoration de la contrée qu'on parcourt depuis Hernani. C'est dans cette vallée que j'ai trouvé, avec M. Magnien, qui m'aidait dans mes recherches botaniques, la plus belle espèce de bruyère que produise l'Europe méridionale : c'est l'*erica arborea*. Qu'on se figure une bruyère ayant jusqu'à six pieds de haut quelquefois, et couverte d'une multitude de fleurs d'un blanc de neige, en forme de cloches, et d'autres de couleur purpurine. Cette plante est, sans aucun doute, une des plus ravissantes qu'on puisse cultiver; elle est abondante en Portugal. En général j'ai remarqué que la végétation du Portugal ressemble beaucoup à celle des montagnes de la Biscaye. Pour le rapport, il est surtout fréquent dans la province d'Entre-Duero e Minho.

Tolosa est comme toutes les villes de la Biscaye et celles de l'Espagne : elle a une grande place, une *Alameda*, et ses constructions ressemblent à celles d'Hernani et de toutes les autres petites villes d'Espagne. En quittant Tolosa, on suit toujours la rivière d'Oria, entre de hautes montagnes cultivées jusqu'à la cime. Partout je voyais cultiver les femmes : cela m'étonnait ; mais on m'expliqua le mystère. Les hommes étaient employés aux forges, qui sont très-nombreuses dans toute la Biscaye. Personne n'est paresseux dans ce pays-là : les enfans eux-mêmes sont employés à ramasser les fruits, le foin, à rouir le chanvre, à mille occupations enfin ignorées ou dédaignées des Espagnols.

Après Tolosa, on trouve Villafranca. La culture est excellente dans cette partie de la province ; mais à mesure qu'on s'éloigne de la mer, les montagnes deviennent plus escarpées, et la culture du maïs moins fréquente. De Villafranca on va jusqu'à Villa-Real, petite ville ou bourgade où l'on voit deux églises.

J'ai fait la remarque, à Villa-Real précisément, qu'en Espagne les églises ont leur clocher, leur portail toujours ornés ; cet édifice enfin, beau même dans un village, contribue à donner au pays un aspect qui inspire presque du respect pour un lieu qui n'est qu'une bourgade, ou quelque chose qui ne vaut guère mieux. Devant la porte de l'église est ordinairement une grande place qui sert de promenade aux ecclésiastiques, dont la foule est toujours grande en Espagne, quelque soit la grandeur du lieu où se trouve l'église.

Après avoir dîné à Villafranca, où je fus très-bien reçue par le curé, qui parlait très-bien français, je continuai ma route pour aller coucher à Bergara [1]. Le chemin est pittoresque et presque effrayant; je le fis à pied; il faisait un temps admirable, le soleil était encore assez élevé; mais le village de Bergara, lorsque nous y arrivâmes, était presque dans l'ombre, quoique la cime des montagnes fût encore éclairée. Le village est au fond de ce vallon qui est fermé de toutes parts par des montagnes énormes. On me raconta que dans la dernière guerre,

[1] Nos journées furent dérangées, et Bergara se trouva être un lieu de coucher au lieu de déjeuner, ce qui contraria excessivement le muletier. Ils sont tellement routiniers qu'il ne voulait plus marcher.

un corps d'Espagnols, qui se croyait bien en sûreté dans cette forteresse de rochers, fût surpris par les Français, qui escaladèrent les montagnes et détruisirent le corps d'Espagnols, sans qu'un seul se sauvât. La rivière qui coule dans cette vallée s'appelle *la Deva*.

Le lendemain matin nous nous levâmes de bonne heure et nous vînmes à Mondragon, petite ville riante et bien bâtie, entourée de forges et d'usines, dans lesquelles on fond de l'*hématite*[1]. Les mines de ce métal se trouvent dans les montagnes voisines; tout est pittoresque dans ce pays, tout est industrie. On dirait que l'Espagne est loin de nous, quand on traverse ces vallées où l'industrie fait résonner l'enclume, et cultive les fruits et le blé. La culture est toujours aussi belle[2], toujours aussi florissante parce qu'elle est soignée. Je

---

[1] L'*hématite* est une pierre comme la *sanguine*.

[2] La culture n'a pas souffert de la guerre, autant que le reste de l'Espagne; l'industrie est trop profondément inculquée dans le cœur des Biscayens.

rencontrais à chaque pas une femme revenant des champs avec sa bêche et sa fourche; une autre remontait de la rivière avec une charge de linge qu'elle venait de laver ; plus loin, une troupe de travailleurs remontait au village après avoir travaillé dans la forge depuis le matin ; et lorsqu'on arrivait après eux, on les trouvait sur la place du village, dansant le fandango au son d'une guitare ou de la voix de l'une des jeunes femmes. Ce tableau que je viens de décrire, je l'ai vu bien souvent dans mes voyages en Espagne. Je ne puis même rendre le pittoresque de l'action et le charme répandu sur cette scène se passant dans un pays ravissant, au clair de lune, et tandis que ces jeunes filles dont la figure aux traits fortement prononcés, au teint mauresque, au regard peut-être un peu dur, s'adoucissaient sous le charme puissant de la danse et de la musique.

Mais où je vis une chose digne d'être vue en effet, c'est à Vitoria. Nous y arrivâmes après avoir laissé derrière nous *Salinas de Lecy*, avoir fait cinq grandes lieues et monté la terrible côte de Salinas. On ne fait plus que descendre ensuite et l'on se trouve dans la plaine de Vitoria.

Vitoria est la capitale de la province d'Alava ; elle est au milieu d'une plaine admirablement cultivée, et dans laquelle se trouvent plus de villages qu'il n'en faudrait pour une province. La plaine de Vitoria, vue par un beau jour de printemps ou d'automne, du haut de la montagne de Salinas, est un ravissant coup-d'œil, unique en ce genre ; quant à la ville, elle est mal bâtie et surtout mal pavée ; mais elle est comme toutes les villes des trois provinces ; elle est active, remplie d'industrie, et respire la prospérité parce que celle-ci est toujours là où est le travail. Le plus bel endroit de Vitoria est sa place ; cette place est carrée, et chacune de ses faces a dix-neuf arcades. C'est un monument qui serait fort bien dans une plus grande ville que Vitoria, ou sinon plus grande, au moins plus peuplée.

La ville de Vitoria fut bâtie par Sanchez, roi de Navarre, après une grande victoire qu'il remporta sur les Maures dans la province d'Alava, pour y laisser un monument de sa victoire. Vitoria jouit du droit de cité depuis 1431.

J'ai déjà dit qu'elle n'avait rien de remarquable que sa grande place, qui semble avoir été faite pour être hors la ville. Ce qui la rend aussi belle encore, ce n'est pas sa régularité, ce ne sont pas les édifices qui l'entourent; ce sont les deux églises qui s'élèvent en amphithéâtre, et quelques galeries ornées de colonnes dans le goût antique. Les autres maisons qui bordent cette place sont assez mal bâties; les rues de la ville sont obscures. J'ai demeuré deux jours entiers à Vitoria, et j'avoue que j'ai cherché, sans les trouver, *ces grandes rues* dont parle Colmenar, *et ces grands arbres qui donnent un si doux ombrage, et ces ruisseaux d'eau vive qui, par leur agréable fraîcheur, les défendent contre l'ardeur du soleil.*

C'est pourtant Colmenar qui écrit cela! Fiez-vous donc à un voyageur comme celui-là pour connaître un pays!

La cathédrale est belle. Elle est fort ancienne et d'un très-bon genre gothique; elle est en forme de croix, et le chœur n'empêche pas à l'œil de jouir de toute son étendue, car il est lui-même au-dessus de la porte. Le maître-autel est d'une singulière invention, c'est la vie de Jésus-Christ; il s'élève jusqu'à la voûte. Cependant, quelle que soit la prétention de cette église à être la première de Vitoria, je trouve l'une de celles qui dominent la grande place, l'église *de Saint-Michel,* bien supérieure sous le rapport de la sculpture en bois surtout. Les figures de cette dernière église, grandes comme nature, sont groupées avec beaucoup plus d'art que celles de la cathédrale. Mais j'ai trouvé là, comme en tout et partout, une routine commencée et suivie; ainsi, parce que la cathédrale, est, dit-on, la plus belle église de Vitoria, *il faut* que ce soit. Quant à moi, j'ai trouvé le contraire, et je le prouve en invitant ceux qui, comme moi, iront à Vitoria, d'aller eux-mêmes voir Saint-Michel et la cathédrale, et de les examiner toutes deux.

Mais une chose qui me charma, ce fut une danse qui avait lieu quelquefois à Vitoria, je ne sais plus à quelle occasion, et cette danse ressemblait beaucoup à la danse d'Ariadne, que M. Guis a décrite dans ses Lettres sur la Grèce. C'était sous les arbres d'une jolie promenade qui est près de la place Mayor. L'alcade remplaçait le corregidor. Le tambour a battu le rappel; alors une troupe de jeunes gens et de jeunes filles se sont rassemblés. Les jeunes filles se tenaient par un mouchoir dont chacune tenait un bout. Les jeunes gens faisaient de même. Lorsque chaque bande fut ainsi organisée, elles s'en allèrent chacune de leur côté, faisant des évolutions, des figures autour des arbres et sur le gazon, tandis qu'ils tournaient séparément, mais assez près pour se voir. La troupe de jeunes gens faisait une halte et envoyait deux députés pour demander deux jeunes filles choisies par deux hommes. C'est ainsi que les choix se faisaient. Pendant ce temps, les danses allaient toujours ; seulement les bandes n'en formaient plus qu'une. Alors ce qui doit faire le labyrinthe se représente par des pas, des figures, des courses précipitées. Lorsque cette danse vraiment fatigante eut duré une grande demi-heure, le tambour fit entendre un autre signal; alors, comme par enchantement, toute la prairie parut animée. Ce signal était l'air du fandango. Chaque danseur avait retenu sa danseuse, et elle était en mesure de répondre à l'appel toujours compris d'une Espagnole lorsqu'on lui demande le bolero ou le fandango.

Il m'est demeuré de Vitoria et de ses environs un souvenir délicieux. Les lieux influent beaucoup sur les impressions que nous recevons, et l'Espagne est pour moi un lieu de magie.

En quittant Vitoria, on trouve une venta isolée, la *venta Gaëtano*. C'est une chose digne de remarque, qu'en ce pays les *posadas* [1] sont dépourvues de tout, et les *ventas* [2] excellentes comme lieux de repos. Sur la route de

---

[1] Auberges dans une ville ou un village.
[2] Auberge isolée; maison seule.

Bayonne à Madrid j'en connais deux : la venta Gaëtano et la fonda San Rafaël. Je les ai vues depuis la guerre, et elles étaient toujours aussi bonnes. J'ignore si depuis que Don Carlos s'est mêlé des affaires du pays, celles des voyageurs ne s'en sont pas plus mal trouvées comme les autres; mais à l'époque où les Français étaient en Espagne, ces deux auberges étaient excellentes. La fonda San Rafaël avait du gibier parfait et de la volaille comme on n'en mange pas dans les auberges de France. Quant à la venta Gaëtano, je n'ai rien vu de plus ravissant que sa position : elle est entre la Puebla, mauvais bourg fermé de murailles, où se trouve ce beau chemin qui va de celui de Madrid joindre celui des Pyrénées. A quelque distance de ce bourg, sur les bords d'une petite rivière dont l'eau est cristalline comme toutes les eaux venant immédiatement des montagnes, il se trouve un couvent de franciscains, entouré d'un bois des plus beaux châtaigniers et des plus beaux chênes. Sur l'autre bord de la rivière est un moulin appartenant au couvent.

Ce couvent, la rivière, ces beaux arbres, le moulin, cette solitude paisible, cet éloignement du monde et cette paix, cette paix suave qui répandait un parfum du ciel autour de cet édifice sacré, tout cet ensemble formait le plus ravissant paysage. A quelques pas, toujours sur les bords de la rivière, on trouve une venta isolée dans cette solitude. Eh bien! on y était aussi promptement, aussi proprement servi que dans une auberge d'Angleterre ou de Suisse : on vous servait du poisson d'eau douce, de cette même rivière dont l'eau coulait à vos pieds, accommodé à la manière du pays, mais si excellent, que la truite, arrangée de cette façon, semblait un poisson inconnu jusqu'alors. Quant à moi, je sais que j'ai fait un des meilleurs dîners de ma vie dans cette venta.

Mais ici finit le beau pays, et surtout la partie gracieuse du paysage; et puis des tableaux de la grande nature, de ces sites que Salvator Rosa a dû étudier pour les mettre dans le tableau où il a placé la plus effroyable scène de meurtre et de terreur.

Après la Puebla et Armiñon, on arrive à Miranda del Ebro. C'est un peu avant d'y arriver qu'on rencontre une belle colonne de marbre blanc, portant une inscription qui dit que cette colonne est la limite entre la province d'Alava et la Vieille-Castille. On aurait pu mettre cela sur une pierre, si la chose était nécessaire, ce qui n'est pas prouvé.

On éprouve une impression pénible en apercevant Miranda del Ebro : c'est la première ville de la Nouvelle-Castille. Plus de cette végétation si forte, si vigoureuse! plus de ces vergers, de ces champs de maïs, de ces forêts de sapins aux longues yeuses [1], aux troncs séculaires; plus de ces ruisseaux d'argent coulant doucement auprès de vous! Vous n'avez plus, en entrant dans la Vieille-Castille, qu'une nature malheureuse et maladive jusqu'à Burgos. Jusque-là vous avez la misère humaine et celle de la terre autour de vous comme un long cri de détresse.

[1] On appelle ainsi des draperies formées par la mousse qui s'attache aux branches.

Miranda est une petite ville mal bâtie, et la première de la Vieille-Castille, comme je l'ai déjà dit. On y voit les restes d'un château-fort, au haut d'une montagne sur laquelle on récolte d'excellent vin. En sortant de Miranda, on trouve un pont de pierre, long de cent soixante pieds, construit assez nouvellement ; l'ancien ayant été emporté par le fleuve, qui a un courant très-rapide dans cet endroit. A chaque bout du pont il y a un pilier ; l'un porte les armes de Castille, l'autre les armes d'Espagne seulement. Quel rivage ! quel fleuve ! une eau bourbeuse, quoique rapide, des champs dévastés, une terre argileuse et blanchâtre ; quelle nature désolée ! et quel contraste !

Peu à peu on descend, et l'on se trouve bientôt à l'entrée de l'une des bouches de l'enfer ! C'est la chaîne de montagnes qui s'appelle la *Sierra de Occa*. On trouve à l'entrée un misérable bourg, fermé de mauvais murs, nommé *Avenigo*. Alors on suit un chemin sombre et affreux, le long d'un torrent qui roule ses eaux avec fracas entre ces rochers noirâtres. Le chemin suit les circuits de la pierre que les eaux ont creusée; et enfin on se trouve dans l'horrible défilé de *las Peñas de Pancorvo*[1]. C'est un grand et misérable village, qui est bâti à leur pied, et qui leur a donné son nom. A la cime de ces pyramides de la nature, on voit les restes d'un château gothique, qu'on croit avoir appartenu à Roderic, dernier roi des Goths. On prétend que ce château est celui où le malheureux prince consomma l'attentat qui fit appeler les Maures en Espagne [2]. Cette position est, je le répète, la plus effrayante que j'aie vu de ma vie : ces montagnes hérissées à pic, la teinte uniformément brune de ces rochers, la teinte correspondante des eaux mugissant au

[1] La situation de Pancorvo est l'une des plus affreuses que l'on puisse voir même en Espagne, où les sites sauvages sont fréquens. Le chemin passe entre deux rochers très-escarpés qui paraissent menacer la tête du voyageur et l'écraser quelquefois.

(M. Bowles, *dans son Introduction à l'Histoire d'Espagne.*)

[2] Le fait est douteux par lui-même d'abord; et puis Roderic était, je crois, un homme aimant les plaisirs et tout ce qui rendait la vie heureuse. Je doute alors qu'il habitât un château dans ce lieu désert et effroyable.

fond d'un gouffre dont vous suivez les bords ; la vue du ciel perdue pour vous, car c'est à peine si en levant la tête vous l'apercevez au-dessus de vous. Enfin on sort de ce désert affreux, et l'on respire en se trouvant hors de cette enveloppe de pierre qui refoulait votre souffle dans votre poitrine et vous disait presque de mourir. C'est un horrible passage !

On retrouve enfin une nature un peu cultivée, et l'on arrive au village de Maria, dont l'auberge était une des plus mauvaises de l'Espagne. On traverse encore un bout de plaine assez fertile, et puis on se trouve sur des montagnes arides, stériles, et surtout désertes : c'est cette entière solitude qui est ce qu'il y a de plus pénible à supporter dans cette route.

A quelque distance de Maria, on se trouve ensuite vis-à-vis un couvent de dominicains, dont les domaines, quoique vastes, sont entourés de murs en pierre de taille : ce couvent est bâti sur le bord d'une rivière, et des prairies s'étendent au loin et précèdent *Briviesca*, grosse bourgade, entourée de murailles en ou en mauvais moellons; ces murailles ont l'air d'une mauvaise plaisanterie. A mon second voyage, en quittant Briviesca et quelques vergers qui l'entourent, je remarquai qu'il y avait, autour de la ville, plus d'activité : il y avait des pâturages qui étaient abandonnés, maintenant ils ne l'étaient plus. Tout en traversant ces pâturages et ces plaines moitié cultivées et moitié incultes, on arrive à un chemin montueux et assez pénible pour les mules. Cependant il est plus agréable à parcourir que ceux qui l'ont précédé; il est varié par de petits bouquets d'arbres : ce sont des chênes verts, mais ce sont des arbres, et le paysage dès-lors n'est plus déshérité de toute parure. Il est au moins supportable et n'a plus cette monotonie qui déplaît tant à l'œil lorsque, pendant tant de jours, on est condamné à demeurer en face d'une route toujours la même, et à rouler constamment avec un mouvement égal.

Enfin on arrive à *Quintanapalla*; puis l'on traverse une plaine immense, d'où l'on découvre de la route une des plus belles habitations qui soient en Espagne, la belle Chartreuse (la Cartuga) de Miraflores. Il y avait, avant la guerre, les tombeaux du roi Jean II et de sa femme; ces deux monumens étaient magnifiques. Le général d'Armagnac est devenu possesseur des biens attachés à cette Chartreuse, soit comme acquéreur, soit par la munificence du roi Joseph, et j'ai grand'peur pour la conservation des tombeaux de la Chartreuse. On la voit entourée de beaux arbres que le temps et les hommes ont respectés, et qui font une des plus belles solitudes que la nature puisse produire. C'est là que commence l'avenue de peupliers qui conduit à Burgos.

CHAPITRE II.

Burgos et la Vieille-Castille. — Histoire naturelle. — Richesses, en ce genre, de la Vieille-Castille. — Description de Burgos. — Le Cid et Chimène. — Le Christ des Augustins. — Valladolid. — Saint-Paul, — L'Inquisition. — Détails curieux.

On ne peut parcourir avec quelque agrément les champs solitaires et déserts de la Vieille-Castille, si l'on n'est pas botaniste. Je ne connais rien qui donne de la vie à une terre inconnue comme cette science de l'histoire naturelle ! Par elle, une plante établit un rapport, une pierre devient une chose animée, un arbre vous donne bien autre chose que de l'ombrage, une fleur bien plus que son parfum; et un fruit vous révèle tous les mystères d'une famille inconnue. — J'aime l'histoire naturelle!

Les ouvrages littéraires sont beaux sans doute à rechercher; les antiquités vous racontent également les siècles écoulés et vous redonnent des souvenirs et des mouvemens d'ame; mais souvent ces souvenirs ne peuvent se réveiller qu'à l'aide d'un puissant mépris; il faut souffrir pour jouir dans l'étude de l'histoire; on est forcé de mépriser l'espèce humaine pour admirer un grand homme : tout cela est pénible. Dans l'étude de l'histoire naturelle, tout est jouissance et jouissance paisible. Les émotions uniques qu'on reçoit ne viennent que de ce qu'on éprouve si l'on aperçoit une plante avant celui qui cherche avec vous. Et puis dans ces beaux climats, à chaque pas l'on découvre des trésors, des richesses végétales qui se multiplient à l'infini. La variété des plantes est si grande! Elles diffèrent souvent aux plus petites distances, et pourtant elles fournissent matière à l'observation de celui qui étudie. Je ne sais si je puis rendre ce qu'un botaniste ressent à la vue d'une plante qu'il voit pour la première fois; il y a alors une foule de comparaisons et de rapports qui l'occupent à la fois par l'idée du passé et du présent... La Vieille-Castille m'offrit ainsi une foule de trésors qu'un voyageur indifférent eût foulés aux pieds, et qui pour moi étaient sans prix. Le jour où nous arrivâmes à Burgos, je suivais à pied la voiture et j'allais lentement, jouissant doucement d'une ravissante journée de printemps. Tout-à-coup il s'élève autour de moi un nuage odorant qui m'enveloppe de ses parfums. Je m'arrête, je regarde à mes pieds, je vois plusieurs touffes de thym des montagnes, ce thym si odoriférant [1]. J'en ramassai autant que je pus en cueillir, et je fus par là avertie que j'en trouverais souvent; en effet, je n'ai jamais passé un jour sans trouver une foule de plantes, que je fis dessécher après les avoir récoltées, et que j'envoyai

---

[1] *Thymus mastichina.* C'est une plante dont les émanations sont très-fortes.

en France. Je trouvais ensuite une grande remarque à faire dans les plantes que je récoltais en Espagne, comparées à la même plante cueillie dans les environs de Paris[1]; je comparais sa nuance, sa grandeur, son odeur; toutes les différences étaient grandes, et c'était un vrai plaisir pour moi que de les faire. Je ne trouvais par exemple aucun arbrisseau, si ce n'est du genêt, du genièvre ou du buis. Mais en revanche je trouvais des trésors en plantes rares, même de celles qui sont indigènes dans les Alpes, comme le *saxifraga cuneifolia*, etc. C'est aussi dans la Vieille-Castille que j'ai vu pour la première fois le véritable chêne vert, c'est-à-dire le chêne produisant le gland qui est bon à manger (*quercus bellota*); c'est une espèce de

---

[1] J'avais un trésor pour un amateur de botanique; c'était l'Herbier de J. J. Rousseau, commencé lorsqu'il vint s'établir dans la vallée de Montmorency. Il y avait une page blanche en regard avec celle de Linnée, et il écrivait ses remarques sur la page blanche. Ce livre était relié en parchemin vert et attaché avec un mauvais cordon rouge. Etant en Italie, la bonne de mes enfans vit ce livre; le prenant pour un livre de dépense et le voyant rempli, elle le déchira pour en faire des papillotes.

cet arbre que Lamark et Linnée appellent *quercus lusitanica*. Cette espèce, selon Cavanilles, porte le nom de *quercus valentina;* les glands que porte ce chêne sont un peu plus gros que ceux que porte notre chêne et sont d'un goût de noisette très-positif; ils sont forts bons à manger grillés.

La ville de Burgos où j'arrivai pour coucher est une des plus anciennes villes de l'Espagne. Elle est antique et peu vivante; ses maisons sont hautes comme dans toutes les anciennes cités espagnoles; elle est bâtie en demi-cercle autour d'une montagne sur laquelle on voit un château. Soit qu'on vienne de France ou de Madrid, la ville de Burgos forme dans l'éloignement, avec toutes ses tours, un ensemble qui ne déplaît pas. Il semble voir une ville du moyen-âge prête à recevoir des chevaliers. Burgos enfin avec ses souvenirs, ses magnifiques églises, son Cid et sa Chimène, et cette foule d'antiques histoires, Burgos peut lutter avec quelque ville d'Espagne que ce puisse être, Grenade exceptée.

Sur la porte de la ville qui regarde Madrid, on voit plusieurs statues des rois de Castille et de Ferdinand Gonzalès, premier comte souverain de Castille. On y voit aussi plusieurs inscriptions à la louange de Charles-Quint, de Philippe II et de Philippe III. Comme dans toutes les vieilles villes espagnoles qui rappellent les Maures, on trouve beaucoup de fontaines; comme dans toutes les villes d'Espagne aussi, on trouve une grande place très-vaste et ornée de balcons, mais régulièrement bâtie; les maisons y sont soutenues sur des piliers qui forment autour comme un cloître. J'ai vu en Italie, et notamment à Bologne, une place toute semblable à celle de Burgos. Sur une montagne dominant la ville, on voit les ruines de la citadelle.

Burgos est située sur la rive droite de l'Arlanzon, petite rivière qui l'embellit assez. Jadis elle était une grande et belle cité; elle se nommait la capitale de la Vieille-Castille, de cette Castille dont les rois chrétiens avaient soumis les infidèles. Elle était la patrie du

Cid [1], de Chimène; quels titres à la gloire!... Et maintenant pauvre, délaissée, sans aucun commerce, dépeuplée, elle compte à peine dix mille ames. Son seul *commerce d'industrie* est de servir de comptoir ou de passage, comme on voudra, aux laines qui vont s'embarquer pour le nord. Elle prouvait, jusqu'au moment de la dernière révolution, comme au reste toutes les villes de l'Espagne, que le luxe des églises absorbe et frappe de nullité des trésors qui suffiraient à entretenir une ville dans un état de commerce florissant. J'ai habité Burgos long-temps, et je crois que les hommes qui tout à l'heure se sont réveillés comme s'ils avaient dormi, sont les mêmes qui s'y promenaient enveloppés dans leur *capa* et coiffés de leur *sombrero*. Ils étaient *apathiques*, disait-on; je ne le pense pas. Ils étaient, je le répète, tout-à-fait les mêmes. C'est fini d'eux; la dévotion et le fanatisme les ont tués. Ils se traînent encore

---

[1] Et de Ferdinand Gonzalès. Le Cid s'appelait Don Rodrigue de Bivar.

aujourd'hui sur de brutes vérités qu'ils sont contraints de déchiffrer, et qu'à peine ils peuvent lire; ils les proclament sans les comprendre, et il faudrait une autre ame à cette foule de voix criardes qui parodient le Cid Campeador tant qu'ils peuvent.

La magnificence de la cathédrale de Burgos est une chose à signaler comme je l'ai vue, surtout pour juger combien on a volé, depuis, dans ce trésor semblable au temple de Salomon, ainsi que Notre-Dame del Pilar, la cathédrale de Séville, ainsi que l'Escurial et Notre-Dame d'Atocha.

La cathédrale de Burgos est ce qu'il y a de plus curieux dans la ville de Burgos, bien qu'elle soit, comme je l'ai dit, la plus remarquable ville de l'Espagne après Grenade; mais c'est que cette cathédrale est une chose si étonnante qu'il faut bien se rappeler tout ce qu'elle contenait pour ne pas errer dans la description que j'en veux faire [1].

[1] Cette description que je donne ici est plus complète que celle des autres voyageurs.

La largeur de l'église est de deux cent cinquante pieds, et sa longueur de quatre cent. Mais ce qui augmente la grandeur de son vaisseau, ce sont les chapelles principales qui, par leur grandeur, peuvent se comparer à autant de petites églises.

La chapelle la plus remarquable par son antiquité, est celle de la famille VELASCO, connue aujourd'hui sous le nom de ducs d'*Uzeda*. Au milieu de la chapelle, est le monument funéraire, sur lequel sont les deux figures du connétable de Castille, marquis de Velasco, et de Juana Figueroa sa femme; les deux figures sont de marbre blanc sculpté. Tout à côté, on voit l'étrange présent qu'ils ont fait à l'église. C'est un énorme bloc de marbre de plusieurs couleurs; il pèse 14,780 livres, selon l'inscription qu'on y a mise; il est de vingt pouces d'épaisseur, de vingt pieds de longueur; sa largeur est de dix pieds.

Je vous demande un peu à quoi peut servir un pareil présent?

Une chose remarquable, et remarquable

comme rareté, c'est le chœur [1]. Les stalles en sont d'un bois extrêmement dur et sculptées admirablement : ce sont divers bas-reliefs, dont le sujet est tiré de l'ancien et du nouveau Testament. Jusqu'ici c'est fort bien. Il y a même du rapport dans cette sculpture ; mais où ce rapport commence à se rompre, c'est au siége de la stalle. Le nouveau Testament est pour le dossier ; probablement qu'on a pensé que le siége exigeait moins de retenue, et tout ce qu'une imagination en délire peut enfanter et mettre en œuvre, en jeux de Bacchus, des Silènes, des Faunes, des Satires, *des bergers et des bergères, des groupes d'animaux,* enfin tout ce qu'on peut imaginer en déréglement, a été fait en ce genre. Du reste, c'est d'un travail admirable, et je ne crois pas que ce soit un péché que d'admirer ce qui est ainsi le produit du plus rare talent. Comme marqueterie, c'est une chose à admirer ; comme art, c'est à con-

---

[1] On prétend qu'on peut chanter cinq grandes messes sans que les chantres puissent s'entendre les uns les autres.

server; mais comme religion, c'est à cacher. Les figures de cette marqueterie sont de dix à douze pouces de hauteur.

Le maître-autel, selon moi, n'est pas de bon goût; il est trop massif. C'est la mort de notre seigneur Jésus-Christ représentée en figures de grandeur naturelle. C'est lourd et sans grâce. La boiserie sculptée qui fait le tour de la nef est beaucoup mieux et de meilleur goût.

Lorsque j'allais le dimanche à la messe de la cathédrale, je me réfugiais toujours loin du fracas des grands efforts du clergé qui est fort nombreux à Burgos, et qui alors voulait faire preuve de bonne volonté. J'allais donc me réfugier dans la chapelle des marquis de Velasco. C'est de là que j'entendais admirablement la messe en musique chantée par des voix pures et fraîches et des jeunes enfans de chœur qui étaient élevés pour chanter à l'église avec le plus grand talent. J'ai passé de bien douces heures ainsi à écouter cette mélodie du ciel!... Il semble que pendant ce temps les prières du cœur montent plus ferventes vers le ciel.

La chapelle des reliques était de la plus grande richesse. Cette profusion de saints enchâssés dans des *armoires* ou des *niches* d'argent et de vermeil, était à elle seule un trésor. Quant aux reliques, je n'en parle pas; on connaît mon opinion. J'aime mieux m'abstenir d'en parler que de dire un mot qui ne serait pas convenable, ce qui m'arriverait.

La cathédrale de Burgos renferme plus de cent tombeaux de marbre, en général bien travaillés. Ce sont des évêques, des chanoines, des abbés. Les grilles des chapelles sont magnifiques et d'un travail exquis. Comme délicatesse, la façade de l'église est un chef-d'œuvre gothique par la finesse; la légèreté des aiguilles de pierre qui la terminent, la quantité et le fini des figures qui la couronnent.

Toutes ces beautés, au reste, contrastent d'une manière choquante avec les masures qui entourent le superbe édifice. Parmi les grandes merveilles qu'il renferme, j'ai oublié de citer un tableau de Michel Ange représentant la Vierge tenant l'enfant Jésus debout sur une table : c'est une admirable production ; mais, si je dois le dire, ce tableau avec sa grande perfection de dessin, sa grande et remarquable pureté de composition, se trouve ici comme toujours dominé par la grâce et le moëlleux des enfans des tableaux de Raphaël ; oui, Raphaël est bien le peintre de la grâce et de l'enfance. Je ne comprends une mère avec son enfant que d'après les dessins de cet homme.

Mais une importante relique est celle qu'on voyait chez les Augustins. Cette chapelle nommée du très-saint Christ était en renom à Carthagène, à Grenade et à Barcelone. Dans toute l'Espagne entière il était reconnu que le très-saint Christ opérait des miracles et que les Augustins étaient *seuls* en mesure de distribuer les grâces de cette relique.

Cette opinion était si bien établie, qu'étant un jour chez moi à dîner, l'un des chanoines du chapitre, homme vénéré et d'un très-grand sens, ne put soutenir la concurrence établie, et il répondit d'un bout de la table à l'autre à son antagoniste qui était pour le Christ :

— Monsieur, ce miracle ne se peut pas faire, vous le voyez bien.

Et le chanoine du chapitre tournait sa main dans tous les sens pour faire voir que la chose en effet n'était pas possible.

L'autre abbé, qui, je crois, était un peu sot, et voulait soutenir son miracle, restait la bouche béante devant la main du chanoine, et ne savait que dire ; sa figure était si niaise qu'il m'impatienta, et contre ma coutume, qui m'impose la loi de ne rien dire dans de pareilles discussions, je m'écriai, en lui jetant pour ainsi dire la parole à la tête :

— Eh ! mon Dieu, monsieur l'abbé, dites donc à monsieur le chanoine que si la chose allait toute seule ce ne serait plus un miracle !

— Oh ! s'écria l'abbé triomphant.

— Eh bien ! dit le chanoine en haussant les épaules, madame a répondu avec son esprit, voilà tout.... Et il me lança un coup-d'œil qui ne valait rien du tout.

— L'avez-vous vu, madame? me demanda-t-il.

Je répondis que non, ce qui était vrai; il n'y avait que huit jours que j'étais arrivée à Burgos.

— Mais je compte le voir, monsieur l'abbé, lui dis-je, car je vous prie de croire que je *suis pieuse*, si je ne suis pas dévote.

Il me demanda mon jour.

— Demain.

Le lendemain, nous allâmes à la fameuse chapelle; le duc y vint aussi avec son état-major. C'était une *raison d'Etat*, pour ainsi dire. Quant à moi, j'étais de sang-froid, et je résolus de faire une grande attention à ce qui se passerait.

Nous arrivâmes au couvent où nous fûmes reçus par le prieur, et introduits d'abord dans l'église. J'y fis ma prière et fis signe à Junot et à ses officiers d'en faire autant: nous priâmes donc tous, à l'exception que moi je priais, et qu'eux en faisaient le semblant. La prière faite, on nous fit passer, en parlant bas et marchant doucement, dans un cloître presque abandonné en apparence, où nous ne vîmes d'abord rien : mes yeux ne distinguaient qu'une masse de rideaux. Le P. prieur s'agenouilla et demeura long-temps en prière ; puis il se releva, et regarda autour de lui avec une sorte de crainte, comme ayant peur de rencontrer un regard ou de voir une personne impie dans ce lieu. Il avait tort de craindre, au reste ; car personne n'aurait été même inconvenant dans une pareille circonstance.

Le prieur se releva enfin, et faisant encore un signe de croix, il s'avança lentement vers le rideau cramoisi qui fermait la niche du crucifix ; il porta d'abord la main comme avec crainte sur le rideau, et puis s'arrêta ; enfin il tira le premier rideau, et nous en découvrit un second brodé de perles fines assez belles et de quelques diamans. Ce premier rideau tiré, le P. recommença ses génuflexions et demeura beaucoup plus long-temps en prière ; après s'être relevé, il s'inclina et parut faire une prière fervente ; enfin il se releva et tira le second rideau, qui nous en découvrit un plus richement brodé que le premier et que le second. Le prieur se remit encore en prières, demeura cette fois encore plus long-temps, et ne parut se déterminer, qu'avec la plus grande peine, à tirer le dernier rideau. En tout je le trouvai fort ridicule; il avait l'air de jouer à la pythonisse, et il ne me plut pas en se conduisant ainsi. Je ne veux rien dire sur une pareille matière, car elle est sujette à faire faire des exagérations en bien comme en mal, et le plus sage est de s'abstenir de toute réflexion et de raconter les faits.

Lorsque le Père se releva pour la troisième fois, et qu'il avança la main vers le rideau, il parut craindre de toucher à une chose qui allait le repousser. Il pose la main sur l'étoffe.... il la tient... il la balance... enfin il tire le troisième rideau!... Au même moment les cloches du couvent sonnent à grande volée; les moines entonnent : *Rex in excelsis*, et tout ce qui entourait la sainte image tombe à genoux en priant.

C'était dans le fait une admirable chose ! Au moment où le troisième rideau avait été tiré, l'obscurité où nous étions depuis une heure que duraient les prières du P. abbé avait été dissipée par la lumière vive et presque surnaturelle de vingt-cinq lampes d'or et d'argent qui entouraient le Christ révéré et une foule d'*ex-voto* plus brillans encore, et tous resplendissans de l'éclat des diamans et de l'or qui les formaient. Une forte odeur d'encens nous enveloppait, et ajoutait au prestige que venait encore augmenter l'orgue de l'église, joué par une main savante qui nous faisait entendre des sons vaporeux comme une musique du ciel.

Sans être un chef-d'œuvre, le Christ est bien fait, et la carnation est naturelle; mais une chose qui me parut ridicule, ce fut une très-courte chemise dont il était revêtu : je trouvai cela parfaitement inconvenant. L'opinion de plusieurs autorités de l'église, est que le Christ est l'ouvrage du disciple Nicodème; mais les plus zélés n'y mettent pas tant de façons et disent tout simplement qu'il est venu directement du ciel. On prétend qu'il y avait trois cents lampes d'or et d'argent; je sais bien que je n'en ai vu que cinquante, dont vingt-cinq encore étaient allumées. L'autel est d'argent doré; la balustrade est d'argent; le dais est d'argent; le tour de la chapelle, le fond sur lequel repose le Christ, est d'argent. C'était resplendissant et magnifique, il faut en convenir.

D'autres moines de Burgos, je ne me souviens plus de quel couvent, jaloux de la vogue que le Christ attirait à ce couvent, le dérobèrent pour le porter dans leur monastère; mais il est à croire que ce crucifix était content du traitement de ses premiers maîtres, car il revint à ses moines et se replaça lui-même dans sa niche.

Le P. abbé me racontait tout cela avec un sérieux inconcevable : je ne le lui reproche pas. Cependant il a beaucoup d'esprit : donc il ne peut croire ce qu'il dit ; mais alors je le blâme et fais même plus.

La sacristie du couvent renferme plusieurs

bijoux très-précieux. Il y a entre autres une foule de tableaux en miniature, d'un fini admirable; une Vierge d'albâtre, tenant l'enfant Jésus, et environnée de chérubins, ouvrage très-délicat, et dont les figures ont près de cinq pouces; des caryatides en albâtre, dans le goût antique, et diverses figures de quatre à six pouces, qui sont placées en forme de bas-reliefs et comme enchâssées dans un cadre d'ébène.

Telle fut la visite faite au saint Christ de saint Nicodème. C'est une belle chose comme objet d'art et comme luxe!... mais comme superstition!!... Etonnez-vous donc, après de pareilles scènes, de ce que tout un peuple mourant de faim vienne se ruer sur un monastère qui renferme des trésors qu'il envie lorsqu'il est exaspéré par la faim et la colère d'avoir été si long-temps dupe d'une aussi grossière supercherie!

On prétendait que la barbe poussait au Christ!... C'est en disant de telles choses que tout s'écroule et devient malheur et anathême!

Burgos a été heureuse dans les dernières guerres. Le général Thiébault a fait, pour la ville, plus que tous les autres gouverneurs n'ont fait pour les villes qu'ils commandaient. Il a eu, pour ses administrés, une bonté toute particulière ; il a même été jusqu'à s'occuper de choses qui n'étaient pas de son ressort. Il a appris, je ne sais comment, qu'il y avait dans les environs de Burgos une ancienne chapelle où se trouvaient les restes du Cid Campeador et de Doña Ximena; il s'y rendit, examina toutes ces choses et acquit la preuve que c'étaient les ossemens de ces deux êtres connus de toute l'Europe, parce qu'un homme de génie les avait chantés. Le général Thiébault alla prendre en grande pompe ces ossemens presque sacrés, et les déposa dans un très-beau tombeau qu'il fit élever sur le bord de la rivière Arlanzon, dans la promenade publique. Ce tombeau a fort bon air. Je le vis à mon retour en France, et je fus charmée que ce fût un des nôtres qui eût songé à tirer ces ossemens de l'oubli où les laissaient les Espagnols eux-mêmes. Il est à remarquer que les villes doucement traitées ont été bien plus soumises. J'ai eu occasion de le voir pour le général Thiébault. J'ai habité aussi Salamanque à une époque où les troubles étaient bien violens et où trop de sévérité pouvait tout perdre comme trop de douceur tout mener aussi à mal. Le général Thiébault sut maintenir les choses dans un état de tranquillité bien remarquable. Je parlerai plus tard de cette conduite, en parlant de Salamanque où nous reviendrons.

Je vais donner une preuve de ce que je viens de dire. Il importe de faire connaître les Espagnols par une voix impartiale qui les montre ce qu'ils sont, une belle et généreuse nation, mais qui, étant mal conduite, devient, comme tous les peuples mal dirigés, faible et sans force. N'en avons-nous pas donné l'exemple en 1793! Ne le donnons-nous pas encore chaque jour?

Lorsque j'arrivai à Burgos, dans l'avant-dernier séjour que je fis en Espagne, Burgos avait pour gouverneur un de ces hommes au cœur dur qui ne voient non-seulement que leur intérêt, mais encore qui oublient celui du gouvernement qu'ils servent. Le duc d'Abrantès était commandant en chef du huitième corps et devenait conséquemment chef du général qui était à Burgos. A peine arrivé, le duc reçut des plaintes fort vives, et comprenant que toute cette conduite faisait un mal immense, il parla avec vigueur sur ce sujet. Mais l'homme qui savait comment on pouvait bien faire, et cependant agissait mal, prétendit avoir raison et l'anima contre les malheureux qui venaient se plaindre.

Un jour, le corregidor vint me trouver ; il savait que le duc d'Abrantès avait fait délivrer plusieurs prisonniers en réjouissance d'une nouvelle heureuse qu'il avait apprise, et il venait me supplier de m'intéresser pour trois jeunes gens qui avaient été arrêtés dans une telle circonstance, qu'il y avait vraiment injustice à les mettre seulement en prison, et on parlait de les fusiller tous les trois !...

C'était dans le village de la Cartuga (la

Chartreuse de Miraflores). Il y avait là un vieillard qui avait été au service des moines pendant trente ans, et qui n'y ayant gagné qu'une chaumière et un champ, avait pourtant la réputation dans le village d'avoir des trésors. Le fait est que, s'il en avait jamais eu, la guerre et les guerillas y avaient mis bon ordre, car le malheureux couchait sur la paille et ses fils labouraient eux-mêmes leur champ. Appelés par Don Julian, le fameux chef de guerillas, ils avaient refusé de quitter leur père et étaient demeurés auprès de lui.

Un jour, qu'ils étaient dans leur champ qui touchait à la chaumière, et que leur père, âgé de quatre-vingt-cinq ans, reposait sur le grabat qu'on lui avait laissé, sept soldats français, sept maraudeurs, qui cherchaient le pillage et le vol, entrèrent dans la chaumière. A leur vue, le pauvre vieillard trembla; il savait par expérience ce qu'ils savaient faire.

— *Piecetas! piecetas* [1]! dit le plus éloquent

---

[1] Nom d'une monnaie; mais nos soldats le disaient quand ils voulaient parler d'argent en général.

de la bande. Allons, vieux avare, *piecetas!* **Tu as de l'argent,** *on nous l'a dit,* **il nous le faut.**

Et les misérables renversaient tout ce qu'ils trouvaient, et perçaient le peu de meubles qu'il y avait avec la pointe de leurs sabres.

— Je n'ai rien, rien du tout, mes bons *seigneurs,* leur disait le vieillard ; on m'a tout pris d'ailleurs, je n'ai plus rien.

— *Piecetas! piecetas!* répétaient les enragés, en furetant partout, tandis que le malheureux leur répétait : Je n'ai rien!

Enfin, irrités au dernier degré par la résistance, à ce qu'ils croyaient, du vieillard, ils s'élancèrent sur lui et l'arrachèrent de sa couche pour le faire mettre à genoux et lui faire confesser où *était son or.* L'un d'eux le traîna brutalement jusque dans le milieu de la chaumière, et le frappant de la main, il lui commanda de parler. Le vieillard, se sentant frapper, joignit les mains et se mit en prières. Il n'osait pas appeler ses fils !... Ils n'étaient que trois, n'avaient pas d'armes à feu, et ces hommes étaient sept et avaient des fusils. Il vit la mort et l'attendit en priant. L'un des soldats, excité au meurtre par la douceur de la victime, blasphéma, et levant son sabre, il frappa le vieillard sur le front et lui ouvrit la tête. Le vieillard tomba en poussant un cri. Ce cri fut entendu de ses fils qui travaillaient dans le champ voisin. Une porte opposée à celle du village s'ouvrit dans le fond de la chaumière, et trois hommes, jeunes et vigoureux, apparurent aux soldats. A la vue de leur père gisant sur le plancher, nu et baigné dans son sang, ils poussèrent un cri de vengeance. L'un d'eux qui tenait encore la fourche recourbée, avec laquelle on travaille à la terre en Biscaye et en Vieille-Castille, voyant aux mains du soldat qui tenait son père le sabre encore sanglant qui venait de le frapper, s'élança sur lui, et lui donnant un coup bien assuré, il l'étendit mort à côté du malheureux vieillard qui respirait toujours ; il vécut même encore quelques jours, et assez long-temps, pour raconter avec la vérité de l'innocence comment le fait s'était passé. Mais poursuivons.

Le soldat pris à l'improviste n'avait pas pu se

défendre; mais les autres tombèrent sur les trois frères avant qu'ils eussent pu se servir de leur fourche, arme terrible, mais sans force contre un seul fusil. Chaque soldat avait le sien; les trois frères furent traînés dans la poussière encore trempée du sang de leur père!.... et furent conduits devant le major du régiment alors à Burgos, et dont un détachement était allé à la Cartuga. Les six soldats arrangèrent l'affaire comme ils le voulurent, et le major ou tel autre officier qui reçut le rapport, sans prendre d'autres informations, fit à son tour un rapport à l'autorité française, dans lequel il disait : « On vient d'assassiner un soldat à la Cartuga : les assassins sont arrêtés, que faut-il faire ? »

Et l'autorité qui, à cette époque, était paresseuse et signait sans aller aux informations, ordonna un conseil de guerre où les trois frères FURENT CONDAMNÉS A MORT comme assassins !... mais sans spécifier que c'était pour défendre son père assassiné, que l'un d'eux avait frappé le soldat meurtrier. Que de jugemens semblables ont été rendus pendant la guerre de 1808 à 1814 !

J'arrivai à Burgos comme l'affaire en était là. Pendant mon séjour à Vitoria où j'étais demeurée quatre jours, j'avais été assez heureuse pour sauver un homme accusé de même par deux soldats et un caporal d'avoir insulté, frappé même le soldat qui avait logé chez lui, à un tel point, disait l'acte d'accusation, que *le soldat fut obligé d'appeler au secours.*

Ce fut cette parole qui me fit voir le mensonge. Comment un soldat, armé de son sabre, de son fusil, ayant ses munitions, et devant être sur ses gardes comme craignant une surprise, puisque *chaque pas*, disait l'acte d'accusation, *nous découvre un assassin ;* comment ce soldat avait-il pu être vaincu ? Il me semblait au moins douteux que l'homme eût porté l'audace jusqu'à avoir des complices, et à moins d'avoir des complices, un homme de vingt-trois ans, petit et faible, ne terrassera pas un soldat âgé de trente ans. Ces remarques que je fis frappèrent le duc d'Abrantès. Il monta lui-même à cheval et se rendit au village où l'affaire s'était passée. Là, il prit lui-même les renseignemens les plus exacts; il fit venir les anciens du village; ils étaient probes et sans passions haineuses contre nous. C'était d'ailleurs la province d'Alava qui, comme on le sait, ne dépendait presque point jadis du gouvernement espagnol. Cette province fut toujours admirablement administrée. Ses habitans avaient la loyauté et l'honneur antique. Les anciens du village furent en cette circonstance ce qu'ils eussent été pour un des leurs dix ans plus tôt : ils furent justes et vrais. Il résulta de la nouvelle enquête que le mari — car l'Espagnol avait une femme, ce qu'on n'avait jamais dit dans le cours de la procédure — revenant un jour des champs, avait entendu crier sa femme qui l'appelait à son secours. C'était le soldat qui logeait chez lui qui l'insultait dans ce qu'il avait de plus cher, son honneur!... Le mari tomba sur le soldat et lui donna de terribles coups avec un bâton qu'il tenait à la main, mais qui n'était pas même ferré. Le soldat fut maltraité, c'est vrai; mais comment une justice humaine peut-elle se prêter à sanctionner l'iniquité d'un chef qui accuse *au nom de l'honneur*, et demande *au nom de l'honneur* la mort d'un innocent !

On revit l'affaire ; on envoya sur les lieux, pour avoir des renseignemens positifs. Le colonel de Grandsaigne, premier aide-de-camp du duc d'Abrantès, fut chargé de la direction de cette procédure. Il était homme d'honneur et d'esprit, et s'en tira avec la gloire d'avoir rendu un homme à la société et à sa famille. Quant à moi, j'avoue que je m'estimai heureuse d'y avoir contribué.

On avait appris cela à Burgos, et les malheureux espéraient en moi. Je les en remercie. Il est doux de causer cette impression lorsqu'on approche d'un pays ennemi ! C'est une preuve que vous n'êtes pas injuste et que vous n'abusez pas de la victoire ni de la force.

Celui qui se fit introduire auprès de moi à Burgos avait peur d'être rencontré par un homme qui paraissait tellement l'ennemi des Espagnols qu'ils le craignaient comme on craint un ennemi puissant. Je savais qu'on le devait redouter, et je le savais par expérience pour moi et les miens. Je savais donc jusqu'à quel point l'Espagnol avait raison, mais je savais aussi qu'il n'avait pas le pouvoir et que je pouvais TOUT sur celui qui le possédait. Aussi promis-je à l'Espagnol de lui faire obtenir justice, et ai-je tenu parole. Les trois jeunes gens de la Cartuga de Miraflores furent donc sauvés. Seulement je ne pus leur rendre leur père, car il était mort trois jours après l'attaque des soldats sur sa chaumière. Le colonel Grandsaigne se conduisit admirablement dans cette affaire, et beaucoup mieux qu'une autre personne qui devait le faire par devoir, puisque les hommes étaient de son régiment.

Si j'ai rappelé cette histoire, c'est pour parler du moral du peuple espagnol. J'ai voulu faire voir qu'il n'était pas ce que beaucoup de nos officiers-généraux ont voulu le montrer. J'ai vu de près toutes ces affaires présentées sous un autre jour au jugement de la France, et dans ma justice je me dois à moi-même de rectifier ce qui est obscur et de présenter à mon tour les faits tels qu'ils sont.

On avait aussi une bien détestable coutume : c'était d'attacher au premier arbre venu le cadavre d'un Espagnol que le soldat expédiait quelquefois à côté d'une haie, sans même *l'exposer aux dangers* d'un conseil de guerre. Cette vue, loin d'inspirer de la crainte, causait des transports de rage. Les Espagnols sont extrêmement religieux et tiennent surtout, comme tous les peuples du Midi au reste, à la sainteté de la sépulture. Ils craignent tellement de mourir sans confession ou bien d'être mal enterrés, qu'on a vu des Espagnols à leurs derniers momens être vraiment malheureux par cette seule inquiétude. Qu'on juge donc de l'effet que devait produire cette ascension tout en haut d'un arbre sans y avoir été conduit par un prêtre ! Ainsi double et triple vengeance sur l'assassin ! de là les meurtres sur les traînards, sur les hommes isolés. Un Espagnol qui rencontrait un Français endormi, après avoir passé sous un arbre où j'en vis *quatre* [1]

---

[1] A mon premier voyage en Espagne, après l'ambassade, c'était un

accrochés tous ensemble, eh bien ! il le tuait ! et il le tuait sans remords ! Nous fûmes plus coupables qu'eux. Demandons pardon à Dieu, non-seulement de tout le sang versé, mais de celui qu'ils verseront encore !...

Puisque j'ai parlé du caractère des Espagnols, il me faut expliquer ma pensée lorsque j'ai dit que leur caractère était impossible à peindre, et que pour en donner une idée juste il fallait une digression toute particulière.

De toutes les contrées de l'Europe et même du monde connu, la Péninsule est la seule qui ait été conquise par autant de peuples, et surtout par des peuples aussi différens de langage que de mœurs et même de nature physique. Tour à tour combattue, conquise, asservie, gouvernée, détruite, par les Romains, les Goths, les Maures et les Espagnols eux-mêmes, l'Espagne, avant de former un tout, devait long-temps se ressentir de l'inconvénient de toutes ces natures opposées dont une seule volonté

---

soir. Je passai tellement près, que les pieds de l'un des cadavres me touchèrent la tête.

voulait former un tout homogène lorsque tant de dissemblances existaient dans ce grand corps composé de plusieurs peuples. Le cardinal Ximenès voulut imposer sa volonté et *ordonna* le baptême pour que les choses eussent au moins un voile pour être moins visibles. Tout fut inutile; et il fallut en venir aux proscriptions, à l'inquisition, aux bûchers, aux cachots, aux tortures; mais jamais on n'obtint un résultat qui fût assez satisfaisant pour qu'un roi d'Espagne pût avec orgueil se dire : Je règne sur un peuple !

L'Espagne fut conquise par beaucoup de nations différentes qui lui laissèrent leurs coutumes et leurs mœurs, car les vainqueurs habitèrent assez long-temps la Péninsule, pour inculquer leur caractère à ceux à qui ils donnaient des fers. Ainsi, ce goût pour les spectacles, cette quantité de noms qui précèdent le véritable, un profond respect pour les femmes, de la galanterie, un goût prononcé pour la métaphore et surtout pour les discours roulans sur l'hyperbole, beaucoup de coutumes dans la vie habituelle ; tout cela vient à l'Espagnol des Maures qui ont habité tout le midi de la péninsule espagnole. La gravité dans le maintien, la méfiance jalouse, le soupçon, la vengeance, leur viennent des Berbères d'Afrique. Ils tiennent des Romains cet amour fanatique de la patrie, ce goût des conquêtes lointaines et la superstition religieuse ; tandis que les Goths leur ont donné de la franchise, une grande probité et du courage.

Mais l'Espagnol pris indifféremment dans une province n'aura pas toutes les qualités ni les défauts que je viens d'énoncer ; et tout ce qui fut occupé par des peuples étrangers a reçu une autre nature que les deux Castilles et l'Aragon, qui seules sont demeurées hors de la main conquérante des Goths, des Africains, des Romains et des Maures.

Lorsqu'on parle d'un Espagnol, on peint un homme grave, cérémonieux, jaloux et jouant de la guitare. Et voilà un Espagnol ! c'est-à-dire que voilà un Espagnol de la Castille, mais non pas de Grenade, ou de Barcelone surtout !...

Chaque province présente un caractère particulier, et cela est simple. Ce n'est seulement qu'à la fin du quinzième siècle que Grenade fut conquise; ce n'est que vers le milieu du seizième que les Maures furent chassés d'Espagne, et jamais ils ne purent emporter les traces ineffaçables qu'ils avaient nécessairement dû laisser de leur passage après un séjour de huit siècles dans une terre qui d'étrangère pour eux était devenue la terre de la patrie. Aucun rapport n'existait donc entre un peuple et un autre; il y a plus : les religions étaient opposées, la guerre fut toujours allumée, et les coutumes elles-mêmes étaient autant de divisions marquées, lorsque les hasards de cette guerre rapprochaient les deux peuples.

Certes, qui voudrait juger un Espagnol, et qui le ferait d'après un Catalan, qui, rempli de lui-même, toujours prêt à la révolte, républicain par nature, mais par nature aussi industrieux, laborieux, actif, aimant les arts, les métiers les plus difficiles, inventeur lui-même, faisant bien ce qu'il entreprend, jaloux et grossier, rude, avide, mais ami sincère et dévoué et surtout très-franc; celui qui jugerait un Espagnol d'après cet homme se tromperait étrangement.

Comparez à présent cet homme avec un Andalou, et prenez celui-ci pour peindre le caractère espagnol; il est vif, gai, fanfaron, menteur par nature, paresseux, très-plaisant dans sa conversation, dans laquelle il ressemble fort à tout ce qu'on dit de nos Gascons; aimant les femmes et tout ce qui ressemble au plaisir, la danse surtout où il excelle ainsi que la musique, mais n'ayant aucune des qualités qui distinguaient jadis les habitans de cette belle contrée qui formait alors trois ou quatre royaumes, et qu'aujourd'hui on appelle les deux Andalousies. Son voisin le Valencien est encore plus éloigné du caractère qu'on donne à l'Espagnol. Il est rusé et même faux; il est obséquieux, révérencieux; son langage est mielleux, et pendant qu'il vous flatte il aiguisera le stylet qui doit vous frapper... Si vous voulez qu'il travaille, il faut l'y forcer, car il n'est pas en Espagne un individu plus paresseux, plus insoucieux qu'un Valencien. Il a cependant un grand avantage, c'est qu'il est l'être le plus souple et le plus délié qui existe. Les sauteurs de corde, les faiseurs de tours, tout cela est valencien. Les charlatans, les vendeurs de baume, les diseurs de bonne aventure, tout cela est valencien.

Les Asturies et la Galice offrent un contraste encore plus frappant. Le Galicien, travailleur déterminé, fidèle, borné, sans éducation, remplit, ainsi que l'Asturien, les mêmes fonctions que les Auvergnats et les Limousins remplissent en France ; c'est tout-à-fait les mêmes natures.

Maintenant j'aborde le dernier caractère qui donne son nom à toute cette foule de provinces réunies, qui forment un tout sous le nom d'un royaume : c'est le Castillan ; il est fier, brave, silencieux, poli, mais froid, se livrant peu, et ne donnant son amitié que lorsqu'il a la certitude que celui dont il serre la main mérite le nom d'ami... Que de douleurs nous

nous éviterions à nous-mêmes, si nous agissions ainsi!... Nous n'aurions plus de ces déceptions qui nous brisent le cœur et qui nous donnent une vie déshéritée au lieu d'un avenir heureux! Le Castillan agit avec prudence; il est méfiant, mais sans être soupçonneux; il n'a que de la sollicitude pour son repos, ce qui est bien pardonnable. Son enjouement lui-même est réfléchi; il est religieux, mais sans fanatisme rigoureux. C'est enfin dans le caractère castillan qu'il faut chercher l'original de ces hommes que Calderon et Lopez de Vega ont mis en scène. Il y a dans ces belles pièces, ces *fameuses* comédies *de capa y spada*, des peintures de mœurs dans lesquelles on peut étudier une nation, *morte quoique vivante;* et c'est le fait de l'Espagne.

L'Espagnol est un peuple avec lequel on peut encore faire certainement de grandes choses; mais pour l'employer il le faut bien connaître, il le faut étudier. Il ne suffit pas de savoir que l'Espagnol est jaloux, qu'il est brave, et qu'il est fier et superstitieux; tout cela est inutile, parce que pour beaucoup d'Espagnols cela n'est pas vrai. C'est comme pour la *fidélité* et la *fidélité loyale* à ses rois *légitimes!*... La Catalogne, toujours la première en révolte, la Catalogne est républicaine dans le cœur, et a voulu bien des fois s'ériger en république. Serait-ce les provinces Vascongades, ces provinces que nous voyons aujourd'hui avoir au milieu d'elles le prince Don Carlos? Mais ces trois provinces, avant la révolution de 1807 et même celle de 1821, si l'on veut prendre une époque plus rapprochée, n'étaient pas même à l'Espagne. Avant l'époque de la première révolte de Madrid, en 1807, lorsque Ferdinand se révolta contre son père, avant cette époque, la Biscaye, l'Alava et le Guipuscoa, dont Saint-Sébastien, Vitoria et Bilbao étaient les capitales, avaient une constitution à part. Ces provinces ne payaient aucun impôt, si ce n'est un don gratuit (*donativo*), et cela était fort rare; elles n'avaient pas de douanes. Les douanes pour l'Espagne ne se payaient qu'à Miranda del Ebro, en Vieille-Castille. Les Guipuscoans étaient libres et le savaient si bien, que le prince de la Paix ayant voulu en 1803 ou 1804 établir un impôt, la province entière faillit s'insurger. Les trois provinces sont unies de cœur et d'intérêt. C'est presque une autre langue que celle du reste de l'Espagne. La constitution des trois provinces s'appelle, comme nous l'avons déjà dit, *constitucion del Arbol* (constitution de l'arbre), parce qu'elle leur fut donnée par Ferdinand le Catholique et Isabelle, et qu'elle fut proclamée sous un arbre. Elle était conservée dans un ermitage près de Vitoria, capitale de l'Alava. Une chose à remarquer, c'est que chacune de ces trois provinces a son gouvernement à part; mais aussitôt que leur intérêt commun l'exige, elles se réunissent; et si le roi envoie un ordre, soit pour un impôt ou toute autre chose, cet ordre ne s'exécute qu'après que l'administration lui a donné son *exequatur*. Chacune d'elles a tous les ans son assemblée générale, où l'administration rend compte de l'emploi de l'argent provenant des revenus publics. Les députés sont élus par les *ayuntamien-*

tos (corps municipaux), qui eux-mêmes le sont tous les ans par tous les *citoyens actifs*. Pour avoir le droit d'élire, il faut la clause stupide qui existe chez nous : il faut *posséder !*

Cela n'empêche pas qu'il est fort remarquable qu'en 1806, par exemple, il existât en Europe une monarchie parfaitement absolue, dans laquelle il y avait le trentième [1] de la population qui avait, dans une administration particulière *à elle*, tous les élémens du gouvernement démocratique et représentatif. Je sais bien qu'il n'a pas le degré de perfection consacré ; mais il n'en est pas moins très-étonnant qu'il fût au point où nous le voyons.

J'en ai parlé pour dire que, si les provinces Vascongades font cause commune avec le prince Don Carlos, on voit que ce n'est pas par attachement au prince, ni par amour aveugle de la légitimité. Les Biscayens espagnols sont trop jaloux de leur liberté et surtout de leurs priviléges; ils se rappellent leur origine.

[1] Il y a dans les trois provinces à peu près trois cent vingt mille âmes.

Les anciens Cantabres savent que les Romains n'ont pas pu les réduire, et que plus tard les Espagnols ont été contraints de leur donner une constitution selon leurs désirs et selon leur volonté. Il ne faut pas conclure, d'après mon raisonnement, que la Biscaye espagnole tendrait la main à la France pour être républicaine si jamais la France l'était. Je suis au contraire presque certaine que cela ne serait pas; ils ont, dans ce pays singulier, une fierté, un orgueil nobiliaire qui tient un peu de l'orgueil romain, quoiqu'ils n'en descendent pas; ils veulent rester ce qu'ils sont : ils ne repoussent pas non plus la domination espagnole, pourvu que cette domination ne soit pas usurpatrice et ne vienne pas attaquer des droits qu'ils veulent conserver. Ils veulent bien, en un mot, d'un roi; ils ne veulent pas d'un despote.

Ainsi donc, si Don Carlos a trouvé un accord entre lui et les trois provinces, c'est que cet accord a produit un bien momentané; mais je suis convaincue que les provinces n'abandonneraient aucun de leurs priviléges pour le remettre sur le trône. Je dis plus ; je suis certaine que si demain, par un revirement de sort qu'on ne peut prévoir dans les révolutions, il arrivait qu'on accordât aux provinces ce qu'elles demandent ; je suis sûre que Don Carlos serait abandonné par elles. Ainsi donc, si l'on croit que les Vascongades ont pris les armes pour Don Carlos, on est dans l'erreur. Quant à lui, sa conduite depuis que la guerre l'a amené au milieu des Biscayens, sa conduite a prouvé ce que je savais depuis long-temps par moi-même et pour l'avoir vu : c'est que le prince Don Carlos était un homme au-dessous du médiocre. Au lieu de comprendre le peuple au milieu duquel il combat, au lieu de lui prouver qu'un jour sur le trône, il sera le père de son peuple au lieu d'en être le tyran, voilà ce qu'il fait. Je vais transcrire ici un ordre du jour qu'il fit publier en 1835 ; il y a de cela seize mois. Cet ordre du jour tomba dans les mains d'un officier français [1] alors en garnison à Saint-Jean-

[1] M. le comte A..... de C.,.. Il m'a donné la pièce originale elle-même.

Pied-de-Port; il me le donna et j'en ai l'original en ma possession ; le voici, je le mets en espagnol parce que la force des paroles et l'horreur de la pensée s'y dévoilent en entier.

Bando.

« En consecuencia de los malos resultados que pueden provenir de las reuniones, y con escándalo y graves perjuicios al rey N. S. se verifican en varios puntos de este contorno ; he tenido á bien segun el uso de las facultades que me son concedidas mandar lo siguiente :

ARTICULO 1°. « A todas las personas de cualquiera condicion que sean tenidas por justos motivos de la opinion contraria se les prohibe acompañarse con personas de la misma opinion ni de dia ni de noche pasando *del número de dos*, y los contraventores de este articulo serán castigados con el mayor rigor.

2°. « A toda persona de la opinion dicha que á la hora de las siete y cuarto de la noche se le encuentre en la calle fuera de su casa, será arrestada en la guardia de prevencion hasta que yo disponga lo concerniente.

3º. « Todo aquel que lea el correspondiente parte mio y vaya al reino estrangero del punto fortificado será multado, y si llevare papeles recelosos ó recados de palabra, *será pasado por las armas* SIN DISTINCION DE EDAD NI SEXO.

» Pedro LLANOS.

»Elizondo, 11 de setiembre de 1835 [1]. »

Cette pièce est un chef-d'œuvre de tout ce que la tyrannie peut donner au monde comme preuve de cruauté. On a parlé de notre Comité de salut public! mais est-ce que le Comité de salut public a jamais rendu un arrêté par lequel il dit que quel que soit l'*age*, le *sexe* de la personne *qui sera surprise portant un message soit verbal soit écrit*, *elle sera passée par les armes!* Ainsi un vieillard de quatre-vingts ans, un enfant de dix ans, seront passés par les armes s'ils sont surpris allant porter une parole de consolation à un fils, à un frère, ou à un père!

---

[1] L'original de cette pièce est déposé chez M. Corbin, notaire à Paris.

Cette pièce m'a donné de la haine pour Don Carlos ! Quels sont donc les hommes qu'il emploie !... quels seraient, grand Dieu ! les ministres de cet homme si jamais il était roi !!...

Mais laissons-le ; j'avais oublié mon principal sujet pour parler d'une chose qui tient à l'Espagne telle qu'elle est aujourd'hui momentanément. Parlons maintenant de ce qui ne change pas avec les années, du pays et des choses qui tiennent à son sol et à sa nature.

Les femmes ont de l'influence en Espagne, mais non pas celle que nous exerçons en France. Elles dominent là, comme partout, par le cœur ; mais leur domination s'exerce autrement que nous n'oserions même le tenter. Cela tient aux mœurs et aux coutumes. Maintenant que ces mœurs changent, l'effet produit par ce changement se fera également voir, et ce qui résultera de cette nouveauté sera une défaite pour notre parti. Dans toute la Péninsule les femmes étaient tyrans autrefois. Lorsque je fus en Espagne, à l'époque de mon premier voyage, voilà ce que j'y ai vu : un amant devait dire adieu à tout ce qu'il avait connu, à ses plus simples relations. Il mourait pour le monde et ne connaissait plus que ce que sa maîtresse fréquentait. Une liaison n'avait pas comme en France ce charme mystérieux qui en double le bonheur ; la publicité était même une condition voulue par l'une et par l'autre partie. J'ai entendu chez l'ambassadeur de France, lors de mon second passage à Madrid, en revenant de mon ambassade de Lisbonne, deux des plus grandes dames de Madrid, et certes l'une d'elles était même une des plus grandes dames de l'Europe par sa naissance et ses richesses. Eh bien! cette dame se querellait avec une autre qui est morte maintenant, la marquise de San-I...[1] Ces deux dames se querellaient donc et sur un sujet bizarre ; il s'agissait de savoir quelle était celle des deux qui avait inspiré le plus souvent de l'amour ; enfin, la querelle était sur le nombre des liaisons qu'avait eues chacune d'elles!....

[1] Ceux qui étaient en Espagne au moment de la mort de la marquise de San-Iago savent *comment* et *où* elle est morte!.... Cela ne se peut dire ici.

Je cite ce fait, qu'à peine j'ose écrire, pour donner une idée des mœurs avant la révolution de 1807; elles étaient à un degré de corruption qu'il est difficile d'exprimer. L'empire des femmes était donc illusoire : aussi voilà pourquoi je crois qu'il était fort sujet à discussion. Cet empire était absolu, parce qu'autrement il aurait échappé à celle qui l'exerçait, si elle en eût laissé aller les rênes un seul instant. Maintenant les Espagnols, au moment d'une entière régénération, échapperont aux deux autres pouvoirs qui détruisaient en même temps leur intelligence et ce que Dieu leur avait donné de noble et de généreux dans l'ame. Je veux parler du fanatisme et de la superstition. Les prêtres et les femmes travaillaient sans s'entendre, et pourtant de concert, à flétrir la plus belle nature, qui est celle du noble Castillan et du fier Aragonais, qui, après tout, est la nature dominante en Espagne. Une fois hors des dangers de la superstition, une fois libéré de cet esclavage féminin qui lui fait courber la tête et le fait languir auprès d'un brasier pour attendre le moment où il donnera sa mantille à sa maîtresse et la suivra à *l'Alameda*, l'Espagnol sera l'homme des anciens jours, et fera encore le beau rôle dans le drame de la vie européenne. Moi, qui ai pu l'étudier de près pendant long-temps, je le vois ainsi.

Mais, dans ce moment, tout s'écroule en Espagne ; le plus affreux réveil succède au sommeil, et cela devait être. Les prêtres ont abusé, ils sont punis ; ils ont fait du mal, ils en reçoivent. L'homme ne *veut pas craindre ;* la chose qu'il pardonne le moins c'est la peur qu'on lui fait ; il ne veut ni craindre ni attendre, et lorsqu'on vit dans l'attente de la prison ou de la mort, comme l'inquisition faisait vivre en Espagne, on finit par secouer le joug. Il n'y a pas plus de quarante ans que le dernier auto-da-fé a eu lieu enfin ! Et à l'auto-da-fé succéda la terreur, et le seul nom de l'inquisition faisait encore pâlir au moment de la révolution de Ferdinand VII.

L'inquisition était un monstre !...Sans doute il est mort ; mais les Espagnols en ont trop souffert pour ne pas s'entr'égorger sur son cadavre ! Les vengeances de grandes offenses ne s'éteignent pas avec l'offenseur ! La vengeance survit, et la volonté surtout, dans des cœurs qui ont encore de l'africain dans le sang qui les fait vivre. Ils n'oublieront pas les proscriptions et les tortures ! La famille de Don Pablo Olavidé, la famille de Don Melchior Macañas, de cet homme perdu par l'inquisition, la famille de ces victimes a crié vengeance !... Combien y en a-t-il encore en Espagne qui ont hérité de ce funeste droit de venger un père ou un frère, une mère, une sœur !... car, ni le sexe, ni l'âge ne mettaient à l'abri de ce monstre dévorant appelé l'inquisition !

Cette première occupation fera taire tous les autres besoins ; mais lorsqu'elle aura atteint son but, alors l'ame des jeunes hommes d'Espagne sera ouverte à de plus grandes pensées que celles de l'amour, surtout de cet amour dont ils n'ont que la tradition. En général les choses ne se renouvellent plus avec les mêmes couleurs; elles diffèrent selon les temps, elles diffèrent selon les natures qui les ressentent. Les femmes n'auront donc plus la même analogie avec tout ce qui plaisait aux hommes. Elles ne changeront pas de nature elles, mais les hommes en auront changé; elles demeureront ce qu'elles sont, vives, opiniâtres, emportées, comprenant la raison quand on peut la leur faire entendre, mais voilà le difficile, parce qu'elles parlent toujours et d'un ton de voix qu'on ne peut surmonter. Je n'en fais pas la critique, au contraire, car je les apprécie; moins que les hommes à la vérité : mais je les crois bonnes et dévouées, et bien qu'elles soient capables de sacrifier la vie de l'homme qu'elles aiment pour une heure de leur convenance, comme elles donneraient la leur en même temps, on ne peut leur en vouloir de cette totale abnégation pour une seule chose [1].

La religion qui intervient en tout en Espagne,

---

[1] Il est entendu qu'en cela, comme en tout, il y a des exceptions. Je n'ai pas besoin de rappeler que ces exceptions existent réellement chez les Espagnols de toutes les classes.

en amour comme en politique, en haine comme en plaisirs et en joie, la religion commence à perdre son empire ainsi que les femmes. C'était la Vierge qui était la reine de la religion en Espagne. Notre seigneur Jésus-Christ, la religion chrétienne avec son admirable morale, ses dogmes vraiment divins, cette religion révélée n'est pas bien connue des Espagnols du monde, et encore moins des Espagnols du peuple. On leur a inculqué des principes faux, d'après lesquels il prient, raisonnent et croient. Il suit, de cette instruction toute mutilée, qu'ils ne savent rien. Ainsi la Vierge était la vraie patrone de l'Espagne; elle y est adorée sous mille noms différens. Chaque objet auprès duquel elle s'est arrêtée, chaque chose qu'elle a touchée, est associée à son nom; ainsi, Nuestra Señora del Pilar[1], Nuestra Señora de Atocha[2], Nuestra Señora de la Peña[3], Nuestra Señora de las Angustias[4];

[1] Notre-Dame-du-Pilier.
[2] Notre-Dame-du-Houx.
[3] Notre-Dame-du-Rocher.
[4] Notre-Dame-des-Douleurs.

et tant d'autres surnoms : partout aussi les noms donnés aux femmes sont suivis d'une chose attachée au nom de Marie. J'ai connu beaucoup de jeunes filles en Espagne qui s'appelaient doña Maria de la Concepcion ; doña Maria da Piedad ; doña Maria del Pianto. Quant à Dieu, c'est un fait qu'il n'en est jamais question. Je sais bien que cela va sans dire de n'en pas parler. Je sais bien aussi qu'il est absurde à nous de montrer le Père Eternel avec une barbe blanche et une robe bleue; c'est aussi stupide qu'irréligieux même. Mais ce n'est certes pas l'idée qu'ont les Espagnols, car notre seigneur Jésus-Christ est montré par eux sous tous les costumes qu'ils peuvent imaginer. Ils le mettent en scène aussitôt que le carême commence; ils le placent dans toutes les attitudes, font des processions où ils le mettent en activité et le font parler. Ils représentent des mystères. J'ai vu en Espagne, à Valladolid, une procession composée de plusieurs théâtres ambulans très-grands et très-ornés, sur lesquels étaient plus de vingt-cinq figures de grandeur naturelle, représentant toutes les scènes de la Passion, dans lesquelles figurait surtout la Vierge. Toutes ces figures richement vêtues étaient quelquefois habillées aux frais de quelques riches familles : alors, comme en Portugal, où la famille de Cadaval est obligée de donner ses diamans pour les mettre sur le chapeau de saint George, une famille puissante, comme la famille de Berwick, donne ses diamans pour orner la crèche de Noël [1]. Eh bien! dans ces cérémonies, je n'ai jamais vu, par exemple, la scène d'Adam chassé du paradis ou toute autre scène du vieux Testament. Je me rappelle qu'un jour je parlais de cela à un chanoine de Salamanque, homme de beaucoup d'esprit, parlant très-bien le français, et qui venait quelquefois chez moi : il s'appelait Don Jaime. Je lui dis combien cela me semblait étrange. Il me regarda long-temps avant de me répondre et me dit ensuite : — Ceux qui sont aussi dévots à *l'ancienne*

---

[1] J'ai vu cette crèche à Madrid dans l'hôtel de la duchesse de Berwick elle-même, mariée en secondes noces au marquis d'Ariza.

religion, tiennent un peu de la religion juive ; pour nous autres *chrétiens*, *vrais chrétiens*, *nouveaux chrétiens*, il n'est qu'une seule religion : c'est LA RÉVÉLÉE, c'est L'ÉVANGILE.

Je crus avoir mal entendu....

— Que voulez-vous dire ?

— Je veux dire que notre seigneur Jésus-Christ est notre Dieu ainsi que sa sainte mère !... Dieu le père, retiré dans le saint des saints, s'est déchargé sur lui du soin des choses de la terre.

Le général Fournier était là avec M. Michaud, commissaire-ordonnateur (intendant militaire du huitième corps), et plusieurs autres personnes. Tout le monde se regarda.

— Ah ! ah ! dit le général avec un grand sérieux, c'est-à-dire qu'il s'est retiré des affaires.

Jamais je n'oublierai le fou rire qui s'empara de nous, et pour dire vrai il y avait sujet.

Je vais maintenant continuer mon récit, et le reprendre où je l'avais laissé ; mais il était nécessaire de donner une idée de ce qu'était le peuple espagnol, et de ce qu'il est maintenant. Avec l'apparence de l'austérité et de la gravité, de la constance dans ses goûts, il n'y a pas un peuple où les coutumes et les fantaisies, plutôt que les modes, changent plus souvent. Ce n'est pas une simple modification, c'est un changement total, une aversion remplaçant une passion; ainsi, par exemple, sous Anne d'Autriche, sous Marie-Thérèse d'Autriche, femme de Louis XIV même, qui encore est plus rapprochée de nous, la passion des parfums était tellement violente en Espagne, que non-seulement les femmes s'inondaient d'eau de senteur en s'habillant, mais leur jupe, leur propre vêtement, était faite de peaux d'Espagne [1]! Ce que nous mettons avec crainte de peur d'attaquer nos nerfs, de la grandeur de la main, eh bien! elles en portaient des jupes entières!... Leurs matelas

[1] On lit, dans les Mémoires du temps, que madame de la Vallière faillit mourir parce que, le matin du jour où elle était accouchée du comte de Vermandois, la reine s'approcha d'elle portant, dit Mademoiselle, une jupe de peaux d'Espagne qui doublait entièrement sa jupe de dessus. Quant à l'eau de senteur dont s'inondaient les femmes, il y avait un terme pour cet usage, et il faisait même un verbe, dont l'infinitif était *rosciar*.

étaient parfumés, elles mangeaient de l'ambre, du musc, elles prenaient du chocolat au musc comme on en prend à la vanille! Eh bien! aujourd'hui, à cette mode, qui du reste durait depuis des siècles et leur venait des Maures probablement, a succédé l'horreur des parfums au point de faire évanouir une Espagnole si elle APERÇOIT une violette.

Un autre contraste est celui de la jupe. Les femmes espagnoles qui, aujourd'hui, portent des jupes si courtes qu'elles montrent leurs jarretières, les femmes espagnoles ont porté des jupes plus longues que leurs personnes, afin de cacher leurs pieds. On lit dans les Mémoires sur la cour d'Espagne, dans un *Voyage en Espagne* de la même époque (1680), et dans les Lettres de madame de Villars, que souvent une femme était de la plus grande intimité avec un homme, et que cette intimité qui durait depuis deux et quelquefois trois ans, *quelqu'étroite qu'elle fût*, ne lui avait pas encore permis de lui laisser voir son pied. Ceci est positif; le pied était une chose plus sacrée qu'une idole de l'Inde dans son sanctuaire. Je sais bien que les lumières, en devenant plus éclatantes, ont dissipé la nuit de l'ignorance dans beaucoup de lieux; mais ce n'est pas en Espagne. L'époque, d'ailleurs, où Calderon, Cervantes, Lopez de Vega, tous ces hommes de génie, vivaient à côté d'esprits tels que le duc de Lerme, Olivarès et Ximenès, je pense que cette époque n'est pas celle de l'ignorance qui autorise un préjugé enraciné par une longue coutume. Je crois, au contraire, que cela tient à la nature de la nation, et mériterait une étude peut-être plus attentive que ne le permet un sujet pareil, ordinairement si futile et si peu digne d'attention.

La mode avec ses exigences était, au reste, à l'époque où j'étais en Espagne pour la première fois, un tyran auquel il fallait sacrifier malgré soi. On ne pouvait sortir le matin dans la rue, sans avoir la mantille et la basquiña. Cela allait si loin, que ma fille, qui avait alors trois ans, fut contrainte, la pauvre petite, de mettre une basquiña et une mantille. Le soir, c'était différent. Il fallait au contraire porter l'*habit français*, comme disait la reine, et si l'on était arrivée dans un salon avec une basquiña et une mantille, on vous eût regardée comme insensée... C'est comme si vous aviez mis votre robe de chambre.

A mon premier voyage, je ne fis que passer par Burgos ; je ne vis donc cette ville qui fut long-temps la capitale de la Castille qu'à mon second voyage. Mais cette fois je la vis avec détail et j'y observai tout ce que j'ai consigné dans mon journal.

Une magnifique chose existait encore à cette époque, et ne put se soutenir, comme on le pense bien, après les différentes révolutions depuis 1806 : c'est la fameuse abbaye de *las Huelgas* près de Burgos. Il y avait à peu près cent vingt religieuses ou plutôt des chanoinesses, mais ne pouvant délier leurs vœux. Elle avait beaucoup de rapports avec l'abbaye de Fulde en Allemagne. La richesse de ce couvent est fabuleuse. En général, ce que les couvens engloutissaient est hors de toute pensée. J'ai été en Espagne avant la révolution, je l'ai vue bien long-temps avant ses bouleversemens, et j'ai pu juger en effet de tout ce que le pays avait à supporter de désastres et de malheurs pour ce monstre rongeur qui lui dévorait les entrailles!... J'ai vu les machines, les décorations; mais tout cela sans l'ame qui animait ce grand corps.

L'abbaye de las Huelgas n'admettait que des filles de princes, de ducs, ou tout au plus de *titulados*. L'abbesse était ordinairement une fille du roi, ou sa sœur, ou quelque princesse de la famille royale. Elle était dame de quatorze villes, de plus de quarante bourgades et villages, dont elle nommait les commandans, les alcades et les gouverneurs; elle était supérieure de dix-sept couvens, conférait plusieurs bénéfices et disposait de douze commanderies en faveur de qui bon lui semblait.

J'ai étudié par curiosité le mécanisme de ce singulier gouvernement de maisons religieuses. Une femme commandait à des hommes, une religieuse nommait un gouverneur de ville, une abbesse enfin conférait un bénéfice!... Je sus alors que cette maison de las Huelgas était un lieu de prospérité; que, sauf la liberté, tout ce qu'une créature humaine voulait en ce monde elle l'avait. On y mettait les enfans à six ou sept ans. La pauvre victime se faisait au joug, sans savoir si un jour il lui serait pesant. Bien souvent le père ou la mère, un frère, une sœur prononçaient les vœux pour la pauvre enfant, et lorsqu'à vingt ans il fallait choisir d'un monde qu'elle ne connaissait pas, ou d'une prison dont les barreaux avaient été couverts de fleurs pour elle, elle choisissait le couvent; et tandis que la jeune fille s'amusait avec des confitures et des jouets, le marché se concluait; on habillait la novice, et voilà une religieuse, non pas selon Dieu et la religion, mais selon le monde! Une fois revêtue de la robe et du voile, une fois que la victime était attachée avec une chaîne rivée au poteau, alors on levait la toile, alors on lui laissait voir le monde, et on lui disait : Voilà ce que vous auriez pu avoir, mais voilà ce que vous n'avez pas. Maintenant soyez bonne ou mauvaise religieuse, peu m'importe! J'ai votre fortune, voilà tout ce qu'il me faut.

Et l'on s'étonne que l'Espagne bouillonne aujourd'hui, et que le volcan lance des flammes! Ah! que de malheurs on peut prévoir! que de bûchers élevés sur les ruines de ces saintes prisons! La flamme s'élèvera longtemps vers le ciel pour dire à Dieu que ce n'est que justice; et fasse sa bonté que ce ne soit pas le sang des vengeances qui l'éteigne!

Je quittai Burgos par un temps admirable pour aller à Madrid. On voulait me faire passer par un chemin plus court que Valladolid : c'est la montagne de *Somosierra*. Mais je tenais à voir Valladolid. La cour l'avait habitée longtemps sous Philippe II, Philippe III et même Philippe IV, et l'inquisition avait eu dans cette ville, dans le couvent de Saint-Paul, des cachots dont il restait des vestiges encore tellement effrayans que ce couvent méritait d'être vu pour cette seule circonstance. Plus tard, à mon second voyage, j'ai habité Valladolid pendant trois mois; je connais donc cette ville de manière à pouvoir en donner une description détaillée.

Je fis la route de Burgos à Valladolid dans

un heureux moment la première fois, c'est-àdire au printemps; car en hiver les coteaux qui bordent les chemins sont glacés, et en été ils sont brûlans. La terre est couverte de sable, c'est aride; et cependant, rien ne serait plus facile que de rendre ce pays fertile; il est traversé par deux rivières, la *Pisuerga* et l'*Arlanzon*, dont la première pourrait être navigable; elle est fort profonde, et rien n'empêcherait que la navigation ne fût établie, au moins pour vingt lieues, autour de Valladolid. Mais il y a dans l'Espagnol une lenteur de conception avec de l'esprit, qui est bien surprenante. Il arriva pour le même objet sous Charles II une aventure fort comique qui mérite d'être rapportée [1].

Un homme, qui avait devancé son siècle et qui voyait l'avantage de la navigation intérieure dans un pays, proposa au conseil du roi plusieurs plans pour faire des canaux. Voyant qu'il n'obtenait aucune réponse, il fit une autre

[1] Mémoires du marquis de Saint-Philippe, ouvrage espagnol du plus haut mérite, mal traduit en français, mais le plus estimable que je connaisse en Espagne, et même en France, pour la fidélité.

tentative et proposa de rendre le Tage navigable depuis Aranjuez jusque par-delà la Venta d'Almaraz et même dans toute l'Estrémadure et jusqu'à Lisbonne. Le plan était fort sensé, et n'avait aucun empêchement qu'il fallût surmonter avec peine et grands sacrifices d'argent. Le conseil une fois saisi de cette affaire, l'homme attendit avec patience pour s'occuper de son exécution, car il ne doutait pas que le plan ne fût accueilli à l'unanimité ; mais il avait compté avec son bon sens, tandis que les autres ne raisonnaient pas ainsi. On examina la chose et l'on répondit :

« La navigation du Tage doit être impraticable à établir ; car, si Dieu avait voulu que ce fleuve fût navigable, il l'aurait fait ainsi. C'est donc attentatoire à notre foi et religion que de vouloir faire ce qu'il n'a pas fait. »

Cela est exactement vrai.

Quant à la Pisuerga, elle ne pouvait obtenir un honneur que n'avaient pas obtenu le Tage et même la Guadiana, malgré leurs belles eaux et l'étendue de pays que ces deux fleuves fertilisent. Le Tage, au moment où on le voit à Aranjuez, est tellement trouble qu'on ne peut le reconnaître lorsque, quelques lieues plus loin, il se montre si pittoresquement beau à la Venta d'Almaraz. Je parlerai plus tard de cette partie de l'Espagne ; elle est à mon gré l'une des plus belles, comme pays pittoresque, que j'aie vues dans mes voyages.

En quittant Burgos, on retrouve l'Arlanzon pour le suivre constamment jusqu'à un misérable village nommé *Villadrigo*. C'est dans de pareils lieux que la misère des deux Castilles apparaît dans toute son horreur... Il y a un aspect d'indigence et de paresse tout à la fois, qui serre le cœur, tout en indignant. Comment peut-on croire, en effet, que des hommes souffrent volontairement du froid et de la faim à côté de tout ce qui peut rendre leur condition meilleure ! En quittant Burgos, l'Arlanzon baigne les murailles de trois beaux édifices. L'un est cette abbaye de filles dont j'ai parlé, le monastère de las Huelgas; l'autre est un hôpital (*hospital del rey*) qui, chose étrange ! pourrait nous donner des leçons pour la propreté et pour les soins qu'on y prodigue aux malades. En général, une remarque bien étonnante à faire en Espagne, c'est la façon dont les hôpitaux y sont tenus. Ces hommes insoucieux, paresseux même pour tout ce qui les concerne, deviennent actifs devant la charité à exercer envers autrui. J'ai remarqué la même activité dans les villes, telles que Madrid, Tolède, Séville, etc., pour la distribution des aumônes ; la charité est mal entendue sans doute, mais qu'importe si la charité se fait !... La chose par elle-même n'en est pas moins à louer. Le fait est que l'Espagne pourrait donner des leçons, comme *hospitalière*, à des nations bien plus policées et surtout bien plus charitables, du moins dans leurs discours.

Une des privations qui se font le plus sentir à Burgos, c'est celle du bois et du charbon. Le froid y est fort rigoureux en hiver. J'y ai passé une partie de janvier et tout le mois de février de 1810, et j'avoue que j'ai eu froid au point d'en souffrir. Les ingénieurs du corps d'armée du duc d'Abrantès me firent bien une cheminée ;

mais la difficulté d'avoir du bois était si grande, que c'était toujours une grande affaire que de s'en procurer pour une semaine. Je parlai de cet inconvénient, qui est fâcheux pour plus d'une chose qui recevrait sans cet empêchement plus d'extension, et j'en demandai la raison au corregidor, homme instruit et capable de faire beaucoup de bien dans l'arrondissement de sa juridiction ; il me répondit que ce ne serait que dans beaucoup d'années, que les Castillans supporteraient des plantations d'arbres chez eux. En 1753, le gouvernement commença à donner son attention à cette disette de combustibles dans la province peut-être la plus froide de l'Espagne ainsi que la Nouvelle-Castille. Un ordre royal enjoignit aux habitans de chaque village de planter individuellement cinq arbres. Que croyez-vous que firent ces hommes à qui l'on donnait ainsi un bien pour l'avenir, puisque le gouvernement fournissait les plants et les donnait gratis ? Les paysans plantèrent bien les arbres, mais ils furent immédiatement arrachés ; on les replanta ; ils le furent encore. Enfin, il fallut connaître la cause de cette folie, car en effet cela ressemblait à de la folie, et l'on apprit que les paysans de la vieille et de la nouvelle Castille ne voulaient pas d'arbres dans leurs champs, attendu que les arbres attirent les oiseaux et que les oiseaux mangent le blé!... Remarquez que c'est dans le siècle dernier que le peuple espagnol vous disait de pareilles choses! Les arbres étaient donc, ou arrachés, ou coupés, ou mal plantés; enfin l'ordonnance ne s'exécutait pas. Le roi Charles III et le roi Charles IV, ainsi que l'infant Don Gabriel, princes éclairés, aimant les arts, et bien faits pour faire prospérer un pays, donnèrent l'exemple, leçon toujours plus efficace, pour amener un bien, que toute autre chose. Quelques sociétés patriotiques, animées de cet esprit qui fait jouir par anticipation du bien que l'on fait; quelques grands seigneurs, tels que le duc d'Ossuna, le duc de l'Infantado, firent planter dans ce qu'ils appelaient *leurs Etats*. Mais qu'est-ce que ces arbres? Quelques bosquets, quelques vergers, quelques taillis qui égaient à peine l'horizon de ces plaines immenses qui se déroulent devant vous jusqu'à Madrid.

Autour de Villadrigo, on voit quelques misérables vignes, qui furent très-endommagées dans les dernières guerres. A quelque distance, on trouve la Pisuerga, petite rivière qui coule du nord au midi et devait alimenter le fameux canal de Castille, projeté et même commencé sous Ferdinand VI, mais abandonné comme tout ce qui est commencé en Espagne pour la chose publique, et qui ne se termine qu'après beaucoup d'années, et quelquefois pas du tout. Cependant le canal, qui devait commencer à Ségovie, suivre l'*Eresma* (qui se jette dans le Duero), et remonter le nord jusqu'à *Reynosa*, en recevant les petites rivières qui sont en fort grand nombre et dont les eaux se perdent en faisant du tort aux routes; ce canal est commencé depuis bien long-temps. De Reynosa jusqu'à Santander, il y a à peine dix-huit lieues d'Espagne [1]. Mais quand ce canal

[1] Les lieues d'Espagne sont de dix-huit au degré; les nôtres sont de trente, comme on le sait.

sera-t-il achevé? Quand donc le peuple qui meurt de faim et se révolte pour avoir du pain, sera-t-il employé à faire des travaux utiles au pays? Il y a dans tout ce qui tient à l'Espagne une sorte de mystère qui devient de jour en jour plus obscur et plus difficile à expliquer.

Sans le cours de ces deux rivières, je n'imaginerais pas de paysage plus triste que celui qui existe entre Burgos et Valladolid. Après *Villa-Real de Buniel*, on trouve quelques bouquets d'arbres ; mais maintenant ces arbres sont abattus pour la plupart. J'ai vu, pendant la guerre de 1811, nos soldats, malgré les ordres des officiers, abattre un arbre pour le feu de leur bivouac. Que dire à des hommes qui tremblent de froid et qui ne peuvent avoir de feu non-seulement pour se réchauffer, mais pour faire leur soupe? Il y a des nécessités absolues quelquefois.

Après ces champs de vignes, on rencontre une plaine bien autrement longue à parcourir que celle qui se trouve entre la Cour-de-France [1] et

---

[1] On l'appelle la plaine de Long-Boyau; elle est en effet fort

Ris ; cette plaine a sept lieues d'Espagne, qui se font sans qu'aucun objet vienne se placer entre vous et un horizon dont le rideau se prolonge à l'infini. Il y a une sorte de tristesse, je le sais, à se trouver ainsi au milieu d'un désert qui n'offre qu'une plaine immense, et au-dessus de votre tête, un ciel bleu sans qu'un nuage vienne en distraire l'uniformité. J'ai d'abord ressenti un mouvement presque pénible à cette vue ; et puis cette tristesse s'est dissipée, et j'ai éprouvé ensuite un calme que je ne connaissais pas. Il y avait probablement quelque chose de ce calme que donne la solitude, lorsqu'on quitte le monde. J'ai traversé quatre ou cinq fois ces immenses plaines désertes, et toujours en levant les yeux au ciel, en me reportant au loin vers cet horizon qui se mariait avec le ciel et ne me rappelait en rien la terre, je me croyais séparée de tout ce qui trouble.... et souvent lorsque je sortais de mon illusion en arrivant au terme de ma course au bout de

longue, mais celle de *Villa-Nueva de las Carretas* l'est du double.

cette plaine immense, j'éprouvais un sentiment pénible qui était en effet une preuve de ce que je voulais.... ce que l'homme voudra toujours impérieusement : le repos! et le repos, il ne le trouve que loin du monde et de son bruit.

De Villa-Nueva de las Carretas, on traverse des terres argileuses et incultes, et l'on arrive à Torrequemada, au confluent des deux rivières de l'Arlanzon et de la Pisuerga, après avoir passé la Pisuerga près de *Quintana de la Puente* sur un pont de dix-huit arches. A l'entrée de Torrequemada [1], on trouve encore un pont reconstruit à neuf il y a vingt-cinq ans maintenant, et ayant vingt-six arches. Il n'est pas droit; mais c'est un beau pont, et à remarquer même en Espagne, où la profusion de ce genre de monument public est extraordinaire en raison de l'apathie insouciante du gouvernement relativement à tout ce qui tient au bien-être du pays et à la commodité de

---

[1] Torrequemada, *tour brûlée*. Il existe une légende très-ancienne sur cette petite ville fort curieuse.

ses habitans. Le roi Joseph aurait bien voulu faire pour ses sujets ce que d'autres rois font dans leurs royaumes ; mais continuellement entouré de guerres, sans autorité jusque dans sa capitale, où l'Empereur ne lui laissait pas même celle d'un préfet, le roi Joseph n'avait que la bonne volonté, et cela n'est suffisant en rien [1].

Torrequemada est la ville la plus sale, la plus misérable de l'Espagne ; j'ai rarement vu, même dans ce pays, quelque chose de plus repoussant que sa *posada*. La cuisine de cette posada est un tableau de l'enfer. Lorsque j'arrivai à la porte, je me retirai en déclarant que je coucherais dans ma voiture ; ce qui m'est arrivé plusieurs fois pendant mon premier voyage en Espagne. Ma voiture était une dormeuse excellente, ayant un fort bon matelas recouvert d'une peau de daim ; j'avais mes draps ; on faisait mon lit et je me couchais. Le lende-

---

[1] Le roi Joseph joint à une ame grande et généreuse une bonté parfaite et des talens que l'Empereur ne pouvait méconnaître ; mais l'Empereur s'est lui-même coupé les bras qui le pouvaient servir.

main matin j'entendais, au point du jour, les muletiers qui venaient prendre leurs cordes et tout ce qu'il fallait pour leur attelage ; puis le tintement des sonnettes des mules qu'on mettait à ma voiture. On attelait ainsi tout le convoi et nous nous mettions en marche, dans ces plaines sablonneuses, au pas lent de nos mules et au bruit monotone de leurs clochettes. Nous allions ainsi pendant quelques heures, puis nous arrivions à l'endroit de la première station des muletiers. Alors je m'éveillais, car j'avais souvent très-bien dormi, étant bercée par le mouvement régulier de la marche. Ma femme de chambre montait dans ma voiture où je m'habillais comme dans un cabinet de toilette, une fois que les stores étaient tirés. J'aimais mieux cette manière que de supporter le *vacarme empesté* d'une posada, comme celle de Torrequemada. Après Torrequemada, nous arrivâmes à Dueñas, dont parle Gil Blas. Dueñas est une petite ville, ou plutôt un gros bourg, bâti sur un coteau assez élevé, et l'un des endroits les moins repoussans de toute cette route de Burgos à Valladolid. Je fus agréablement surprise de rencontrer à Dueñas une posada [1] où mon cuisinier trouva des provisions excellentes, en gibier, en volaille et en poisson. Depuis Burgos nous n'avions pas pu faire un repas passable. A Dueñas nous dînâmes aussi bien que nous aurions pu le faire à Paris. Avant d'arriver à Dueñas, on trouve un très-beau couvent de bénédictins qui a été conservé malgré la guerre. Il est sous l'invocation de San-Isidro; mais le monastère, qui cependant est un bel édifice, n'a autour de lui, ni jardin, ni possessions, dont il puisse faire une dépendance agréable. Les religieux ont pour distraction le mirador placé tout en haut du couvent. Ce mirador, sans inconvénient pour un couvent d'hommes dans une campagne, n'est pas de même dans une ville pour un couvent de femmes. J'en ai vu de terribles exemples à Sa-

---

[1] Cette posada a souffert aussi des révolutions. Elle devint mauvaise, et à mon second voyage je ne la reconnus pas; mais je la retrouvai bonne la troisième fois. Je ne sais si depuis elle est encore changée.

lamanque, comme je le ferai voir lorsque nous en serons à cette ville.

En face du couvent de San-Isidro est un chemin admirable commencé en 1784 par l'intendant de Palencia, dont ce territoire dépend. Ce chemin est l'un des plus admirablement faits qui existe en Espagne. Il est commencé depuis 52 ans, et il n'est pas achevé. La guerre de 1808 à 1813 ne l'a heureusement pas altéré. Je trouve que toute l'histoire d'un peuple est là dedans.

Palencia [1], que j'ai vue et habitée pendant l'un de mes séjours en Espagne, est une jolie ville située dans un territoire fertile, ainsi que Zamora et plusieurs autres villes hors de la route de Bayonne à Madrid, et par conséquent peu connues des voyageurs. L'intendant dont je parle a été pour la province de Palencia un père plutôt qu'un administrateur espagnol... Palencia, située dans un lieu renommé

---

[1] Palencia (la *Pallantia* des anciens), évêché suffragant de Burgos, avec 70,000 fr. de rentes. C'est une jolie petite ville, dont presque toutes les maisons sont de construction gothique.

pour sa fertilité (*la Tierra de Campos*), était tombée, comme bien d'autres villes d'Espagne, dans l'oubli et dans la misère. Cet intendant la sortit d'abord de son sommeil léthargique, et lui montra ce qu'elle pouvait pour elle-même. Il lui communiqua un peu de la chaleur de son ame, et quelques manufactures s'élevèrent. On y fabrique des couvertures de laine, des étamines; une sorte d'étoffe appelée *tabis* en Espagne, et qui sert pour les deuils et même pour les habillemens ordinaires des veuves de la classe commune. Ses fabriques sont en grande activité, et n'ont pas souffert de la guerre de 1813. Je n'en dirai pas autant de celle-ci[1]!...

Après avoir quitté Dueñas et ses rues sales et mal pavées, on parcourt jusqu'à Valladolid le pays le plus aride et le plus triste; on aper-

---

[1] Je recommande l'église de Saint-Antolin à ceux qui, par hasard, passent par Palencia. Elle fut fondée par le roi Don Sanche, qui, attaqué par un sanglier monstrueux, et abandonné par ses courtisans, fut sauvé par saint Antolin. C'est à Palencia que fut fondée la première université chrétienne, en 1239, et ensuite transportée à Salamanque.

çoit les *cent soixante* clochers qu'on prétend qu'il y a dans cette ville, aussitôt qu'on a passé le grand et beau pont de pierre de Cabezon. De ce côté de Valladolid, on remarque une belle et grande ville, qu'on peut croire avoir été, en effet, une résidence royale. Une avenue de mille toises au moins, formée par six rangées d'arbres, annonce la capitale de la Vieille-Castille, car elle le dispute à Burgos depuis que Philippe II et Charles-Quint l'ont habitée, et que Philippe III y fut assez de temps pour y être condamné, par l'inquisition, à une *peine infamante*.

Valladolid [1] serait une belle ville, si la solitude de ses rues n'en faisait un désert triste et lugubre. La Pisuerga qui baigne ses murailles contribue à lui donner une sorte d'élégance, et surtout à maintenir une propreté salutaire dans ces mêmes rues désertes, où l'herbe vient entre les pierres pointues qui la pa-

---

[1] Valladolid (*Pintia*); elle est, comme on le sait, l'une des plus grandes villes de l'Espagne, mais non pas des plus peuplées; elle est bâtie au confluent de l'Esquéva et de la Pisuerga.

vent.... Construite pour cent mille habitans, elle en comptait à peine vingt mille avant la guerre de 1808, et encore les couvens absorbaient-ils la plus grande partie de sa population; il y avait encore, en 1811, plus de quarante couvens et plus de soixante églises. Les ordres mendians abondent surtout dans cette ville et font un tort immense au reste de la population. Il y avait tel couvent dont les revenus étaient immenses et qui ne contenait que quatre moines pour les manger. L'un de ces couvens passa sous la censure ecclésiastique lorsque j'étais en Espagne, en 1810. Malgré la guerre et la persécution des Français, comme ils le disaient, ces moines n'étaient que trois [1] pour employer un revenu de cent quarante mille francs; ils donnaient à leur famille, et les pauvres n'avaient rien. Les moines furent punis d'une manière très-sévère. Le prieur

[1] Cela est un peu différent de Salamanque, où il y avait, en 1809, un couvent, celui de *Santo-Domingo*, où se trouvaient DEUX CENTS religieux !.... On les en fit sortir; ils y sont revenus; mais je ne sais maintenant ce qu'ils seront devenus depuis la nouvelle révolution.

fut enfermé dans un couvent de la Catalogne, pour y servir comme frère lai pendant deux ans, et être religieux ordinaire toute sa vie. Les deux autres, dont l'un était l'économe et l'autre le maître des novices, furent envoyés séparément dans des couvens très-austères.

Je logeais, en 1810, au palais situé sur la grande place du couvent des Dominicains et de leur belle église. Ce palais se trouva non-seulement habitable, grâce aux bons soins du duc de Valmy, qui était alors gouverneur de Valladolid, mais il me prépara un logement vraiment charmant dans ce palais qu'avaient habité Philippe II, Charles-Quint et Philippe III ! Les souvenirs ont beau n'être que peu de chose à côté de la réalité, ils sont puissans lorsqu'à côté d'eux, on voit des monumens aussi grands, aussi terribles que le palais de l'Inquisition, en face du palais royal, où se signaient à la fois les condamnations politiques et religieuses, et celle de l'héritier de la monarchie [1]. J'avoue que

---

[1] Quelques auteurs prétendent que ce fut à Valladolid que le

Valladolid fut pour moi un lieu d'études et de profonde méditation ! J'avais de ma chambre une vue entière de cette église et du couvent des Dominicains ; je suis descendue moi-même jusque dans le plus profond des souterrains ; j'ai vu ce que personne n'avait encore vu, et mon cœur en a frémi. Il y a au reste du danger à parcourir ces souterrains aujourd'hui, et je crois que, depuis quelques années, ils sont interdits pour leur partie intérieure, c'est-à-dire, l'étage qui est encore plus bas que celui privé de jour, où des éboulemens sont à craindre. Un des cachots que j'ai vus ne recevait de l'air que par une ouverture faite au sommet de la voûte, et par laquelle passait un vent glacé qui venait de l'étage supérieur.

Il existe une description de l'Espagne, par un homme qui s'amuse à vous décorer les lieux par où il passe, à vous les peindre même à fresque : c'est Colmenar. Lorsque la première fois j'entrai en Espagne, je voulus être guidée, et

prince Don Carlos fut accusé et de là transporté à l'Escurial, où il mourut.

j'emportai avec moi une quantité de voyages et de descriptions. Quel fut mon étonnement de n'en trouver qu'un qui ne me fît pas tomber en erreur! C'est Bourgoing. Dans son Tableau de l'Espagne moderne, rien n'est hors de sa place, tout est parfait, tout est exact. Mais les autres! il y a bien un homme aussi qui fut véridique, mais son voyage remonte trop loin; c'est Bowles, et puis ensuite Peyron. Mais tout cela remonte à 1770 ou 1775; et quelque lenteur que mettent les Espagnols à terminer quelque chose, il est à croire cependant qu'ils en finissent quelquefois; et puis les révolutions s'en mêlent aussi et font aller vite en besogne. Il faut aujourd'hui un voyage d'Espagne qui ait été fait tout au plus dans la dernière guerre pour qu'on puisse être sûr que ce qu'on décrit sera retrouvé par le lecteur [1].

[1] Prenez aujourd'hui l'excellent, le savant, le spirituel ouvrage du colonel Bory de Saint-Vincent. J'ai une grande admiration pour un livre aussi profond et aussi vrai. Quant à moi, qui puis être juge, puisque j'ai habité l'Espagne en la parcourant et en y résidant, je déclare que c'est un ouvrage du plus haut mérite, comme vérité sur-

Colmenar, que les Espagnols cependant citent avec complaisance, m'avait annoncé que le palais des rois à Valladolid était orné de statues et de tableaux précieux ; que les jardins étaient plantés avec art, et que les plantes les plus rares étaient dans *ses serres*. Je n'ai vu que des murailles humides, recouvertes avec une tenture de haute lice assez médiocrement conservée ; quelques chambres dans le genre du Louvre à Paris, assez chargées de dorures et de sculptures pour être le plus triste séjour de la terre ; mais aucun tableau, aucune peinture, rien qui rappelât enfin le séjour d'un monarque. J'interrogeai l'intendant de la ville, le marquis d'Arabacca ; il me dit que depuis l'abandon de la cour, la ville de Valladolid était tout-à-fait dans l'état le plus misérable, et que,

---

tout. Lorsque mes notes me manquent, je ne crains pas d'aller consulter M. Bory de Saint-Vincent ; je suis certaine de retrouver la chose oubliée telle que je l'avais recueillie sur les lieux. Vous qui allez en Espagne, emportez *le Résumé géographique de la Péninsule ibérique*.

aussitôt que l'administration avait quelque peu d'argent, on l'employait à soulager les malheureux et non pas à soigner le palais.

— Maintenant, me dit-il, que l'Empereur viendra à Valladolid, nous allons nous faire un devoir de lui arranger une demeure convenable, et le palais de Charles-Quint est ce qu'il y a de plus beau.

Tout raisonnement fait, l'Empereur logea sur la place où se voit le beau portail sculpté du couvent de Saint-Paul.

Colmenar, dans ses rêves, croit aussi avoir vu dans le couvent des Dominicains le portrait du P. Bourgoing, autrement appelé chez nous Jacques Clément, placé chez les moines comme un portrait de saint martyr. S'il l'a vu, il en a donc été enlevé; car je ne l'ai pas vu, moi. Il serait possible que les religieux eussent eu peur des Français et qu'ils l'eussent enlevé. Cependant je ne le crois pas, la branche des Bourbons n'était pas en France la branche régnante, et je crois que si le portrait de Jacques Clément y eût été, nous l'y aurions trouvé.

Je n'ai rien vu de si beau en architecture gothique que la façade de leur couvent et surtout de leur église, même à Reims. J'en avais pris une vue à la chambre-noire, car autrement il n'y faut pas songer; je l'ai perdue, à mon grand regret. Il y a plus d'études à faire dans le portail et dans le cloître intérieur que dans toutes les églises gothiques de France réunies, même en parlant de celles de Rouen, de Bourges, de Chartres, de Reims, de Paris et de mille autres lieux. Mais, au reste, assez de regards français se sont reposés sur ce chef-d'œuvre pour que je ne craigne pas d'avancer mon opinion.

Malgré la tristesse de la ville de Valladolid, son séjour n'a rien de désagréable; elle a deux promenades charmantes : l'une sur les bords de la Pisuerga, appelée le *Spaulore*, mais qu'il ne faut fréquenter qu'en hiver ou bien dans une belle nuit d'été, car le soleil la rend brûlante, malgré le voisinage de la rivière ; l'autre promenade est le *Campo-Grande*, admirable esplanade d'une si grande étendue qu'autour d'elle on compte treize églises et presque autant de couvens.

Valladolid, comme toutes les villes d'Espagne, a une grande place; car que serait une ville espagnole sans sa grande place? Où les nouvellistes iraient-ils chercher et débiter leurs nouvelles? Où les femmes iraient-elles montrer une nouvelle mantille ou une belle basquiña, lorsque le temps ne permet pas une promenade au Campo-Grande ou bien au Spaulore? Où les jeunes gens se montreraient-ils pour faire ce que nous appelons en France *les farauds*? Où les barbiers iraient-ils bavarder? les prêtres, les Basiles à grand chapeau, ce sombrero proscrit par Charles III, et qui ne se retrouve que sur le chef des prêtres d'un certain ordre? Que deviendrait enfin la population d'une ville espagnole sans sa grande place? Il faut une grande place comme chez nous il faut une place de fiacres. C'est d'une absolue nécessité.

Celle de Valladolid est en effet fort belle : elle est grande et sert d'amphithéâtre pour les combats de taureaux; elle est un peu dans le goût de celle de Madrid; elle a trois rangées de balcons, et le marquis d'Arabacca m'a assuré qu'il y tenait vingt-quatre mille personnes. Je n'ai pas osé lui dire que les vingt-quatre mille personnes ne se trouvaient pas dans la ville, car jamais je ne vis un homme plus attaché aux beautés de sa patrie que celui-là. Je lui dis seulement que la chose me paraissait étonnante. Il y avait eu deux combats de taureaux dans les années qui précédèrent ma venue. Je ne vis donc pas la place transformée en arène. Je ne vis qu'à Ledesma ce combat vraiment étonnant, et dont je rendrai compte incessamment. Je ne pense pas qu'il y en ait eu un en Espagne avant celui qui eut lieu à Ledesma, depuis la défense qu'en fit le roi Charles IV, malgré son goût pour ce genre de spectacle; mais le prince de la Paix qui était détesté comme premier ministre, et craignait que le peuple ne montrât sa haine ouvertement dans ces réunions immenses, fit si bien auprès du roi et de la reine que les combats de taureaux furent suspendus lors de la fièvre jaune à Cadiz, ou du moins ce qu'on appelait la fièvre jaune.

Valladollid fut de tout temps un lieu remarquable en Espagne. Sous Charles-Quint et son fils Philippe II, qui affectionnait son séjour, elle contenait cent mille habitans; maintenant, comme je l'ai déjà dit, elle n'en a pas vingt mille. Du temps que la cour habitait Valladolid, une grande partie des familles les plus nobles et les plus riches de l'Espagne habitaient aussi la ville. Lorsque Philippe III la quitta pour aller s'établir à Madrid, ces familles abandonnèrent leurs maisons qui, n'étant plus soignées, tombèrent en ruines. Je vis plusieurs de ces vestiges frappans de l'indolence et de l'apathie espagnoles. Ces maisons étaient belles, elles étaient vastes, elles auraient pu servir de retraites à de vieux serviteurs, dans les familles nombreuses, où, surtout en Espagne, le système antique des Romains de maintenir autour de soi la *famiglia*, c'est-à-dire les *clients*, les *protégés*, est en grande vénération, et où ce système est même porté au point que le duc d'Ossuna me disait qu'il existait en Espagne plus de trois mille personnes qui dépendaient de lui. Eh bien! plusieurs de ces anciens serviteurs de son père, de sa mère, trop vieux pour le servir, mais que pourtant il gardait, auraient pu trouver un asile honorable dans les maisons abandonnées de Valladolid et même de Burgos ou de Séville, car il me disait aussi qu'il avait une habitation dans toutes les villes d'Espagne. Eh bien! plusieurs grands du royaume étaient dans ce même cas. Je pourrais en nommer vingt-cinq. Croirait-on qu'il n'y avait parmi eux que ce même duc d'Ossuna qui, au moment où Joseph vint prendre possession de la couronne d'Espagne, eût une *maison de campagne!* Je ne parle pas d'un château, je dis une maison de campagne. Aucun d'eux n'avait un château, et ils avaient trois, quatre et même cinq millions de rentes, comme le comte d'Altamira et le duc de Medina-Céli, car les fortunes d'Espagne, à cette époque, étaient fabuleuses dans leur étendue. Le duc d'Ossuna avait des bureaux comme un ministre; il avait quatre intendans, et sa dépense était tellement organisée qu'il avait une existence comme beaucoup de princes allemands voudraient en avoir une. La duchesse était comtesse de Benavente, et avait apporté en dot une partie de la fortune du duc. Elle avait ce qu'on appelle en Espagne des *États*. Depuis la révolution de 1807, mais surtout depuis la constitution de 1821, la fortune des grands d'Espagne s'en est un peu allée avec les fumées de la féodalité sur laquelle reposait, en grande partie, la grandeur de toutes ces maisons-là. Non-seulement la féodalité, mais une juridiction comme l'eût été celle du roi, était, aux mains de plusieurs grands, une arme à deux tranchans pour blesser le peuple et même la classe intermédiaire, puisque le roi n'en demeurait pas moins le maître suprême et que souvent une cédule royale venait accabler de malheureux vassaux après que leur seigneur les avait déjà pressurés par ses exactions. J'ai habité une petite ville dont le seigneur est encore aujourd'hui vivant et plein de faveur à la cour de Madrid. Le malheureux ne savait probablement pas toutes les horreurs qui se commettaient en son nom. Je ne veux pas les rappeler, car il en rougirait trop, soit qu'elles fussent ordonnées par lui ou bien seulement tolérées. Ces fortunes immenses furent donc grandement réduites, et si l'on y ajoute la révolte des Amériques, où quelques-uns des grands avaient la plus grande partie de leur fortune, comme par exemple le comte d'Altamira, dont la naissance, l'illustration des alliances, l'immense fortune [1] le rendaient l'un des seigneurs les plus haut placés de l'Espagne, le comte d'Altamira s'est trouvé *sans pain* pendant un moment.... et, si un perruquier de Madrid n'avait pas recueilli sa belle-fille, elle n'aurait su où reposer sa tête pendant quelques semaines.

J'ai été rejetée bien loin de ma route; nous allons y rentrer.

[1] Il avait plus de 4,000,000 de rentes. C'est lui qui répondit un jour ce beau mot à Charles IV, qui lui disait avec ironie qu'il était extrêmement petit : *Señor, soy muy grande en mi casa* (Seigneur, je suis bien grand dans ma maison).

L'abbé Pons, qui a ses rêveries comme Colmenar, et dont il faut encore plus se défier, parle avec enthousiasme de la cathédrale de Valladolid. Pour moi, je n'y ai vu qu'une immense carrière de pierres brunes qui sont d'une telle tristesse qu'il faut fuir cette église pour n'y pas pleurer, pour peu qu'on y entre avec le cœur triste. L'ordre dorique, qui est en architecture le plus sévère et le moins convenable aux églises chrétiennes, est employé ici avec une profusion tellement de mauvais goût, qu'on ne peut revoir cette cathédrale deux fois, à moins que ce ne soit comme moi pour avoir le droit de la critiquer avec une parfaite connaissance de cause. Le chœur, fermé par une muraille très-élevée, dérobe le reste de l'église à ceux qui entrent. Autour de la nef sont ensuite ces malheureux piliers d'ordre dorique, qui me paraissent d'un goût détestable. Je répète que l'abbé Pons est non-seulement un mauvais juge, mais un juge partial, connaissant sa partialité et sachant ce qu'il disait. Je n'aime pas à suivre un tel guide.

Et pourtant Valladolid était une ville que le gouvernement aurait dû protéger! C'est la résidence d'un évêque, le siége d'une université. C'est là qu'on trouve un de ces établissemens si rares en Espagne et qui cependant avant la révolution avaient déjà fait de grands biens dans la ville et dans la province : c'est une société patriotique! C'est le comte de Florida-Blanca qui, pendant son ministère que l'envie voulut ternir, mais que la reconnaissance nationale doit soutenir et récompenser, fut l'instituteur de ces admirables sociétés patriotiques en Espagne. C'est à elles que Valladolid doit le déblaiement de ses rues et le peu d'améliorations qui se sont exécutées depuis cinquante ans. On trouve aussi à Valladolid un des sept grands colléges de l'Espagne, et enfin un des deux tribunaux suprêmes appelés *cancelaria* (chancellerie). On conçoit, avec les couvens et les différentes associations religieuses, ce qu'il restait avant la révolution de monde sociable, en en distrayant les colléges, les tribunaux, le clergé et les ouvriers! C'est-à-dire qu'à cette époque Valladolid était bien plus inhabitable qu'un bourg de France ou telle autre résidence dans un pays chrétien. Voilà ce qui rendait l'Espagne si différente de nos mœurs, si éloignée de nous! Un Français, que des affaires avaient amené à Valladolid et à Burgos et qui n'avait pas pu aller jusqu'à Madrid, me disait que l'Espagne lui avait paru le lieu le plus effroyable de toute la terre habitée. Cet homme que son commerce avait conduit en Amérique (en 1780) en avait conservé un souvenir moins terrible, que de Valladolid surtout, et je le conçois, car il avait plaidé.

Plaider! à cette seule parole, ceux qui connaissent l'Espagne prennent en pitié l'infortuné assez à plaindre pour avoir été devant un tribunal espagnol. Tout ce que l'imagination peut vous offrir de turpitudes, de plus odieux en exactions, n'est rien, voyez-vous, à côté de la jurisprudence espagnole. Et pourtant nous savons ce que c'est que les exactions dans ce genre! Ceux qui ont eu des procès en France connaissent la valeur de ce mot dans toute l'étendue de son amertume [1]!...

Mais s'il est une jurisprudence qui soit ouverte à tous les abus, à tous les subterfuges, c'est sans contredit celle d'Espagne. Beaumarchais voulait, disait-on, se moquer de celle de France; il n'y songeait pas vraiment. C'était bien celle d'Espagne, devant laquelle il avait plaidé, qu'il voulait peindre, et son esprit satirique n'en a pourtant donné encore qu'une esquisse imparfaite.

C'est surtout la foule immense des gens de loi (*escribanos*) qui cause le plus grand mal; ils sont affamés, et tombent comme des vampires sur le malheureux client qui arrive au milieu de cette troupe enragée. Aussitôt qu'un avocat est saisi d'une affaire, vous croyez peut-être qu'elle va marcher! Pas du tout, c'est alors

---

[1] Je fais dans ce moment une brochure qui contiendra à peu près huit à dix feuilles d'impression. Cette brochure est un recueil comparé des exactions qui se commettent en France, avec les pièces à l'appui; plus de vingt personnes se sont empressées de me fournir des matériaux. Je plaide la cause de la société.

qu'elle s'arrête. Il existe entre les juges et les escribanos une connivence qui est révoltante. Des embarras, qui n'existaient pas avant, se multiplient sous les pas du client. Il donne de l'argent pour obtenir une audience, il en donne *pour y parler....* il en donne pour se taire!.... et pour peu que le procès en vaille la peine, il serait plus convenable pour le malheureux plaideur d'abandonner le tout à son adversaire que de le lui disputer par une voie qui absorbe quelquefois le bien tout entier de celui qui plaide. J'en ai vu un exemple à Salamanque dans la personne du marquis d'Al....., frère de mon hôte lors de mon premier passage à Salamanque.

La jurisprudence a d'ailleurs bien d'autres écueils : la justice elle-même est obscure, lente, et enveloppée de tant de formes, si coûteuses pour l'éclaircir, qu'ainsi que je le disais plus haut, il vaut mieux abandonner son procès. On se contente souvent d'adjuger les dépens à la partie gagnante, si elle gagne (ceci a l'air d'une mauvaise plaisanterie, mais c'est vrai ; personne ne gagne en Espagne, c'est un fait). La vénalité est tellement en usage dans tout ce qui compose le barreau, qu'un homme pauvre ne plaidera pas contre un homme riche qui aura 50,000 francs à lui opposer, parce qu'il sera certain de perdre. On me dira peut-être que la *régénération* de l'Espagne amènera un changement à cet égard. Je n'en doute pas ; j'en suis même certaine. Mais avant que le bouleversement qui existe maintenant se soit calmé, avant que le mouvement qui a tout confondu permette aux choses de reprendre leur niveau et que la surface soit tranquille, avant que le bien naisse du mal enfin, et que le fruit et le grain soient assez mûrs pour substanter, après avoir été semés et plantés pendant la tempête, il faudra encore tant d'années que je ne puis me consoler du tableau que j'ai sous les yeux par celui que j'aurai dans l'avenir si le bien doit naître d'une régénération toute naturelle. Les mouvemens révolutionnaires sont terribles partout ; et ils le sont surtout en Espagne, où les vengeances ne sont satisfaites qu'avec du sang, et où ce n'est qu'avec du sang qu'on efface une offense; mais en Espagne, lorsque le sang coule une fois, il coule à flots, à torrens.... et alors que résulte-t-il? Un désastre si terrible, que ce ne sont pas les lois qui les premières se font entendre. Elles se taisent au contraire!

En Espagne, l'ennemi le plus terrible qu'on puisse avoir, c'est un escribano. Ce sont eux qui instruisent les procès au criminel comme au civil, et ils se chargent même de vos affaires sans que vous le leur demandiez. Voici un fait arrivé à un officier de l'état-major du duc d'Abrantès, le colonel de Gransaigne, en l'année 1811 ou 1812, dans la ville de Truxillo [1].

---

[1] Truxillo, la *Scalabis* et *Castro-Julia* des Romains; elle fut florissante et très-peuplée au temps des Arabes, qui la possédèrent plus de cinq cents ans. Ce fut l'évêque de *Plasencia* qui reprit cette ville de Truxillo sur les Maures. Les évêques de Plasencia faisaient leur principale occupation de la guerre contre les Maures. La ville de Plasencia est une des plus agréables de l'Estrémadure : c'est un siége épiscopal; le pays environnant est ravissant; près de Plasencia est une étendue de pays appelée, comme celle de Grenade, *Vega*, ou

Quelque temps avant l'événement terrible qui termina sa vie (il mourut assassiné), il était dans la rue et marchait dans une grande distraction ; les pavés sont très-aigus dans cette ville [1], et comme il avait mal aux pieds, il pestait contre ces maudits pavés. En marchant avec humeur, il frappe du bout de sa canne le pied d'un homme fort bien mis enveloppé de son manteau. L'homme se retire de deux pas et prononce en français un mot fort énergique. M. de Grandsaigne répond avec humeur ; l'autre également, et de paroles en paroles, ils en viennent à une altercation très-

---

jardin, en raison de sa fertilité. C'est à peu de distance de Plasencia qu'était située l'antique *Ambracia* ; on n'en voit plus que quelques vestiges sur la rive droite du Xerte. J'ai habité Plasencia, et j'ai regretté le moment où je l'ai quittée.

L'Estrémadure est une preuve nouvelle de l'apathie coupable des Espagnols. C'est de toutes leurs provinces la mieux arrosée et la plus fertile peut-être en raison de la douceur de sa température. Eh bien ! c'est la partie la plus déserte et la plus pauvre !...

[1] Les pavés ne sont autre chose que de gros cailloux pointus. C'est à faire une douleur très-vive lorsqu'on a des souliers avec une semelle mince.

vive ; ils se rapprochent et le colonel dit au monsieur :—Je ne vois pas pourquoi, monsieur, vous vous amusez à attrouper autour de nous une foule oisive ; si vous n'êtes pas content, voici ma carte. Il lui griffonne son nom au crayon et s'échappe pour éviter la foule déguenillée et remplie de vermine qui l'entourait.

Rentré à son auberge qu'il devait quitter le lendemain pour suivre sa route vers Madrid, il s'assit de fort mauvaise humeur, en se disant à lui-même combien il était stupide d'aller se couper la gorge pour les beaux yeux des pavés de Truxillo. Il y pensait lorsque tout-à-coup la porte s'ouvrit, et il vit entrer son monsieur qui venant à lui les bras ouverts lui dit : — Mon cher monsieur, à Dieu ne plaise que je vous demande aucune satisfaction de la petite scène de tout à l'heure ! Croyez-bien que je suis tout à vous. Je me nomme Dariule et suis le neveu de votre hôte de Bayonne. Mon oncle m'a si souvent parlé de vous, que je ne sais comment je ne vous ai pas reconnu aussitôt que je vous ai vu, puisque je savais que vous étiez dans cette ville. Je vous présente mes excuses et vous prie de les agréer.

Le colonel, charmé d'avoir à pardonner quand il sentait qu'il avait besoin lui-même de pardon, tendit la main à M. Dariule, lui fit ses excuses de fort bonne grâce et finit par lui offrir à déjeuner ; ce que l'autre accepta. Comme ils étaient à table, fort bien occupés, et qu'ils allaient commencer une seconde bouteille de Val de Peñas, ils virent entrer un homme mal vêtu, tout en noir, qui tenait plume, encre et papier à la main; il paraissait arrogant et craintif, deux signes de la misère méprisable. Le colonel lui demanda ce qu'il voulait et qui il était. C'était un honnête escribano, qui ayant été témoin de la querelle entre le colonel et M. Dariule, avait écrit *de chez lui*, sa maison étant en face du lieu de la scène, et qui venait leur rappeler à tous deux qu'ils s'étaient querellés une heure avant.

— Mais, lui dit le colonel, je ne suis pas du tout brouillé avec monsieur.

L'escribano sourit, et secoua la tête.

Le colonel lui répéta sa phrase. L'autre sourit encore. Le colonel s'impatientait... M. Dariule, qui connaissait le naturel de l'homme et du pays, fit signe au colonel de se taire, et dit à l'escribano qu'il n'était pas non plus fâché avec M. le colonel. L'escribano, toujours sans parler, souriait à chaque parole. Le colonel dit enfin : — Voilà un homme que je vais jeter par la fenêtre.

— N'en faites rien, lui dit M. Dariule, il se casserait exprès une jambe ou un bras et vous coûterait 5oo piastres; laissez-moi faire. Il se leva et s'en fut près de l'homme noir.

— Combien vous a coûté votre papier? lui demanda-t-il.

— Une piastre, mon bon seigneur.

— Caramba ! et la plume et l'encre ?

— Une piastre, mon bon seigneur.

— Elles doivent être bien bonnes ! et votre temps ?

— Deux piastres, mon bon seigneur.

— Ainsi c'est quatre piastres que vous voulez, n'est-il pas vrai ?

— Oui, mon bon seigneur.

— En voilà deux, et c'est encore plus que ne vaut tout ce que vous avez fait. Mon ami voulait vous jeter par la fenêtre ; j'ai obtenu de lui que vous passeriez par la porte, mais à condition que vous partiriez tout de suite.

L'homme noir prit les deux piastres, fit de profondes révérences et s'en fut en se courbant jusqu'à terre.

— Et cet homme serait chargé de la défense d'un procès ! s'écria le colonel avec une indignation qu'il ne put contenir.

— Oui, sans doute. Ils sont tous de même, si ce n'est quelques-uns, mais qui peut-être sur la surface de l'Espagne ne sont pas au nombre de quatre !...

Rabelais a comparé les lois à des toiles d'araignées, où se prennent les petites mouches et que traversent les grosses. En Espagne, c'est tout le contraire : celui qui n'a rien n'est pas poursuivi, parce que le misérable escribano ne sait comment il pourra le pressurer. Ainsi donc, à moins que le plaignant ne veuille faire lui-même les frais du procès et payer la justice, elle ne marchera pas. Et même alors elle ira d'une telle lenteur qu'elle dégoûtera le poursuivant; de cette manière le coupable est impuni. Pour que la jurisprudence change de couleur et de marche, il ne suffira pas d'un nouveau code de lois; il faut une nouvelle génération de juges, et d'avocats, et de procureurs; la méthode qu'ils suivent depuis des siècles leur est trop profitable pour qu'ils l'abandonnent. Ils la garderont donc jusqu'au jour où l'Espagne reviendra au beaux jours de l'honneur strictement observé, comme il l'était au temps du Cid et de Gonzalve de Cordoue. Ce temps ne fut pas fabuleux; il a existé et peut exister encore.

On a beaucoup parlé de l'élégance des femmes espagnoles hors de leurs mantilles et de leurs basquiñas : voici pour en juger. Le marquis d'Arabacca était intendant de la province de Valladolid à l'époque où je l'habitais avec mon mari (en 1810). Monsieur d'Arabacca était un homme assez insignifiant, mais qui était un type à étudier lorsque sa femme le mettait en scène en s'y mettant elle-même. C'était une grosse femme pas mal ridicule et qui ne le savait pas. Toute sa personne l'était à un tel degré que le plus ridicule de tous les officiers d'état-major du duc se moquait d'elle. Elle valsait, disait-on, et je promis un bal à ces messieurs pour m'en assurer. Cette femme, qui vraiment n'était que ridicule et passait pour tout autre chose, avait trente ans environ, était assez jolie et avait, disait-on, des talens.

C'était une chose remarquable en Espagne, que d'avoir un piano hors de la maison où il était *en propriété*. J'en avais pourtant bien besoin. Je me mourais d'ennui et je ne pouvais vivre sans faire de musique. C'était pour moi, comme encore aujourd'hui, une consolation, un remède à tous mes maux. Mais où trouver un piano, dans la seconde ville du royaume? C'était impossible!...

Enfin, mon mari allait écrire à Bayonne, à M. Dubrocq notre banquier, pour qu'il en fît venir un par le premier convoi, lorsque je reçus un matin un petit billet de madame la marquise d'Arabacca, dans lequel elle m'offrait *son piano*. Une heure après, le piano m'arriva. C'était un piano d'Erhard pas trop mauvais et qui pouvait me servir dans ma solitude; enfin c'était *le seul* dans la ville de Valladolid. En 1810, l'Espagne en était là.

En essayant ce piano, ce que je fis à l'instant, j'éprouvai une forte résistance dans la basse; il y avait plusieurs notes qui refusaient le service. Je levai la couverture et je trouvai, qu'on devine ?.. un paquet qui eût beaucoup mieux convenu à un lieutenant de hussards qu'à moi. Un paquet de *paquillas*, c'est-à-dire de petites pailles venues de Caracas, pour fumer. Cela servait aux femmes. Je n'ai jamais vu au reste à Madrid les femmes élégantes s'en servir au moins devant nous; la duchesse d'Ossuna, la marquise d'Ariza, la marquise de San-Iago, et dans la génération plus jeune, la duchesse de Beaufort mariée au jeune marquis de Peñafiel aujourd'hui duc d'Ossuna, la jolie marquise de Transtamare, belle-fille du riche comte d'Altamira, la jolie comtesse d'Ega, Portugaise, ambassadrice de Portugal à Madrid, mais Espagnole par les coutumes et les usages, et madame Carujo, mère de la comtesse Merlin, et l'une des plus charmantes femmes que j'aie rencontrée en ma vie. Elle était nièce du général O'Faril, ministre de la guerre sous Joseph. Nous avons tous lu, dans le livre intéressant de sa fille, intitulé : *Mes douze premières années*, le portrait de cette mère qu'elle adorait, et je puis certifier que ce portrait est vrai. Madame Merlin a montré dans ce livre, comme dans ceux qui l'ont suivi, le talent du cœur joint à un esprit si fin, si charmant.... une telle délicatesse de détails, qu'en vérité je plains ceux qui n'ont pas compris le charme de cette lecture attachante. Mais le nombre en est court, et tout ce qui est femme lit avec l'intérêt du cœur ces mêmes pages spirituelles que l'homme de talent sait apprécier. Les Mémoires de madame la comtesse Merlin sont et seront un monument vraiment remarquable dans la littérature espagnole, comme ils le seront dans la nôtre; car enfin, madame Merlin est Espagnole, et c'est, je crois, la première femme espagnole qui ait écrit un ouvrage dans notre langue. Je ne regrette qu'une chose, après l'avoir lu : c'est que madame la comtesse Merlin n'ait pas voulu nous montrer tout ce qu'elle a vu et qu'elle aurait raconté avec l'esprit charmant qu'elle met à tout ce qu'elle dit. Ce regret est réel en moi. Je sais tout ce qu'elle *peut* faire si elle le voulait. Une femme est si forte lorsque, comme elle, son *esprit a du cœur et son cœur de l'esprit!* Pour en revenir à mes *paquillas*, madame Carujo ne fumait pas.... enfin toute la société élégante de Madrid ne se servait pas de ces *cigaritas*. Mais dans le monde moins relevé cela avait lieu, comme dans la maison de la marquise d'Arabacca. Nous lui rendîmes ses *cigaritas*, ce dont elle fut très-honteuse et dont elle eut grand regret. On fit beaucoup de plaisanteries, surtout parmi les officiers.

La situation d'un pays est peinte par la description de ses plaisirs et de ses coutumes.

Cette situation est influencée et influence à son tour, et donne toute l'esquisse de ce qu'on veut savoir.

Je voulus donner un bal à Valladolid; le local était superbe dans cet immense palais que j'occupais. Les invitations parties, je m'occupai de tout ce qui pouvait contribuer à rendre une fête agréable. Mais je n'étais pas accoutumée, dans le monde lumineux de l'Empire où je vivais alors en France, à m'occuper de ce qui allait me donner tant d'embarras.

Le jour de mon bal, il faisait très-beau le matin; mais vers le soir, le ciel se couvrit et à huit heures la plus terrible pluie inondait les rues de Valladolid.

— Comment faire? me dit le duc de Valmy, gouverneur de la province de Valladollid; il pleut, et les femmes seront mouillées.

Il faut savoir que le duc de Valmy, quoiqu'il ne fût ni beau ni jeune, aimait la danse comme un jeune homme de vingt ans!...

Je répondis ici comme la princesse à qui l'on disait que le peuple n'avait pas de pain : — *qu'il mange des brioches*—qu'elles viennent en fiacre.

Il se mit à rire.

— Mais il n'y a pas de fiacres.

Je demeurai stupéfaite. Dans Valladolid, une ville où l'on brûlait cent juifs par récréation royale, il n'y avait pas encore cent ans [1].... une ville où se passaient de tels divertissemens, il n'y avait pas de fiacres!...

— Il n'y a que trois voitures, me dit le duc, la mienne, la vôtre et celle de l'intendante ; car on ne peut compter celle de l'évêque ; il ne peut pas donner sa voiture pour mener des femmes au bal!...

M. Prévost, aide-de-camp du duc d'Abrantès, s'approcha et proposa d'atteler tout ce que nous avions de voitures à nous et d'objets roulans, même un petit fourgon suspendu dans lequel voyageaient mes robes et mes chapeaux et l'une de mes femmes. Notre bal eut lieu,

---

[1] Sous Philippe III, c'est-à-dire sous le cardinal Mazarin et Richelieu. Chez nous, il est vrai qu'à la même époque on jugeait Urbain Grandier ; mais chez nous c'était le ressentiment d'un seul homme. En Espagne c'était le fanatisme de tout un peuple.

mais je laisse à penser les bons rires que fit notre jeunesse folle des états-majors. Il ne fallut rien moins que la présence de plus de cinquante charmans visages aux yeux de velours et aux gracieux sourires pour ramener à des sentimens plus sérieux. Mon bal se passa à merveille ; et j'en donnai deux autres qui furent aussi bien. Le duc de Valmy, qui était aussi fort bien logé, me donna un dernier bal avant que le printemps rendît le temps plus chaud. Mais le moment où la guerre allait gronder de nouveau était bien proche, et le duc d'Abrantès partit en effet à la fin d'avril, pour aller faire le siége d'Astorga.

Le jour de son départ, il se passa un événement qui prouve à quel point les Français étaient détestés en Espagne. Je le rapporte parce que de toutes les dominations que les Espagnols eurent à supporter, celle du duc d'Abrantès fut peut-être la plus douce et la plus *courtoise*. Il fallait donc la haine invétérée portée par les nationaux aux Français pour amener l'événement que je vais rapporter.

Il était cinq heures du matin, et le jour paraissait à peine (c'était au mois d'avril); l'état-major du duc était autour de lui ainsi qu'une partie de celui du duc de Valmy, qui allait les conduire à quelque distance de la ville. Après avoir passé le pont de Léon, qui conduit à la route d'Astorga, on cotoyait le flanc d'une montagne assez rapide qui se trouve presque au-dessus du chemin; au moment où la troupe entière passait au bas de cette montagne, un coup de fusil tiré du sommet envoya une balle destinée au duc, et qui vint rouler à terre entre son cheval et celui du colonel Grandsaigne, son premier aide-de-camp. N'ayant heureusement blessé personne, on courut aussitôt; mais le moyen d'attraper un homme, qui avait l'avantage de la position, et qui, probablement, était bien loin lorsqu'on arriva à l'endroit d'où le coup fut tiré!... Lorsque j'appris cet événement, il me glaça de crainte. — La bonté, l'honneur, une noble conduite, rien ne pouvait donc mettre à l'abri de cette haine que Napoléon avait attirée sur la nation française toute entière par la trahison de Bayonne !

Et puis, les chefs subalternes étaient-ils toujours ce qu'ils devaient être! J'ai parlé de la haine vindicative des Espagnols; je vais avec la même impartialité rapporter un fait qui nous condamne. Si l'histoire était toujours aussi juste, on pourrait y croire.

Quelques jours après ce que je viens de raconter, Junot m'écrivit pour m'annoncer la prise d'Astorga. C'était une petite place forte dans laquelle les Anglais avaient envoyé beaucoup de vêtemens, de provisions, de munitions, mais *pas un homme*, sauf un commandant qu'on ne trouva pas pour la capitulation, à ce que je crois. — Le résultat de cette affaire fut la prise de quelques troupes qu'on dirigea sur la France par convois. Le jour où le premier devait arriver à Valladolid, M. Magnien [1] me proposa d'aller me promener sur la route

[1] M. Magnien était un ami de collége de mon mari, qu'avec sa bonté ordinaire il avait retiré chez lui, où il jouissait de tous les avantages de notre fortune sans en avoir l'ennui. J'en ai parlé dans mes Mémoires sur l'Empire.

d'Astorga pour les voir défiler. La vie que je menais à Valladolid était si triste que tout devenait distraction. Mais je ne savais pas toute l'étendue de celle que j'allais prendre !.... J'acceptai, et nous partîmes. — La première colonne que nous rencontrâmes était composée d'hommes forts et résolus.— La plupart étaient des Asturiens, espèce plus faite pour la guerre que le Castillan, quoiqu'ils ne soient pas plus braves. — Ils voyaient que j'étais Française à mon costume, et en passant près de ma calèche, ils me jetaient des regards de haine que je ne méritais cependant pas !... Ces hommes étaient au reste bien habillés, en beau drap gris, et portaient une sorte d'uniforme. Ces habits venaient d'Angleterre.

Ma calèche allait au pas ; cependant nous avions fait du chemin, et tout en regardant défiler cette triste colonne nous étions arrivés au détour que fait le chemin, et qui se trouve à l'entrée d'une gorge assez étroite. — J'étais triste... Je me reprochais d'être venue jusque-là pour voir des hommes malheureux et prisonniers!..., La curiosité est presque un crime, je trouve, lorsqu'on la satisfait par la vue de l'infortune d'autrui... J'avais besoin pour me raccommoder avec moi-même de me dire qu'en venant au devant de ces malheureux, je voulais leur être utile !... Je voulus parler de cela à M. Magnien ; mais nous ne parlions pas la même langue, et nous ne nous entendions pas. —Il me railla de ma *sensiblerie*, et alors je me tus. — Nous avancions toujours lorsque nous entendîmes des coups de feu... Je tressaillis !... Nous étions assez loin de la ville, et l'escorte des prisonniers était peut-être attaquée !... M. Magnien lui-même témoigna de l'inquiétude... Je fis arrêter, et j'appelais un officier qui marchait nonchalamment le long du chemin, lorsque je vois sortir de cette gorge ténébreuse qui était au bout du chemin, un des officiers qui commandaient l'escorte... Je l'appelai... En reconnaissant la femme de son général en chef, il accourut aussitôt. En le voyant aussi calme que s'il eût été au Prado, je lui demandai avec surprise la cause de ces coups de fusil que je venais d'entendre....

— Des coups de fusil! me dit-il fort étonné; des coups de fusil!

Dans ce moment une nouvelle décharge se fit entendre.

— Ah! s'écria-t-il en riant... C'est cela qui vous a fait peur, madame! Ce bruit doit au contraire vous rassurer. Ce sont des ennemis de moins!... Imaginez-vous que ces coquins-là faisaient les *malades*, les *blessés*, que sais-je moi! — Ils disent qu'ils ont mal au pied, par exemple, et ne peuvent marcher... Ils s'asseyaient sur le bord de la route, et puis ils nous laissaient partir... J'en ai été dupe d'abord, et les deux premiers ont été heureux!... Mais jugez, madame, que de *quolibets* mes camarades auraient fait sur moi!... Je venais de laisser trois de ces hommes si malades et si blessés qu'ils ne pouvaient pas même se soutenir. Je jetai les yeux sur le fossé dans lequel ils étaient tombés pour voir s'ils avaient besoin d'être secourus, lorsque je vis mes trois malades courant à toutes jambes sur le sommet d'une colline à gauche du chemin où l'on voyait flotter un drapeau rouge!... Feu!... m'écriai-je aux soldats de l'arrière-garde de l'escorte! Ils tirèrent; mais... bath!... les jambes de ces gaillards-là sont encore meilleures que nos balles n'ont de vitesse, Dieu me pardonne!... et maintenant, grâce à ma crédulité, nous avons trois ennemis de plus dans la troupe de Don Julian [1]!... Mais dorénavant cela n'arrivera plus, et tout aussitôt qu'un homme se plaint et succombe dans un fossé, on lui dit d'abord de se lever, ensuite *on le lève;* s'il s'entête, s'il retombe par exemple, alors on lui met un appareil qui du moins l'empêche d'aller rejoindre les autres bandits de Don Julian, s'il ne le guérit pas.

— Ah! monsieur, m'écriai-je, vous les assassinez!...

L'officier fit un mouvement qui eût été suivi d'un défi si j'eusse été un homme!... Et une légère rougeur colora ses joues.

---

[1] Fameux chef de guérillas dans la guerre de l'indépendance.

— Non, madame, non, je ne suis pas un *assassin*; c'est l'homme qui a tiré sur mon général, il n'y a pas dix jours, qui est un *assassin !*...

Et, me saluant profondément, il s'éloigna visiblement offensé.

Mais dans ce moment je n'aurais pas excusé mes paroles, car le bruit des coups de feu continuait!... Je voyais passer auprès de moi ces hommes au front pâle et sévère, à la démarche assurée, qui semblaient braver leur ennemi!... Et puis il y en avait parmi eux dont je voyais en effet les pieds ensanglantés par la fatigue d'une longue marche, peut-être par une blessure; car enfin le siége avait été meurtrier dans les deux partis [1] !... L'un de ces malheureux surtout se traînait à peine... On voyait que le sort de ses infortunés camarades l'effrayait au point de lui faire surmonter la douleur de sa plaie!...

[1] Ce fut au siége d'Astorga que le lieutenant-général du génie, baron de Valazé, fut grièvement blessé à la tête par deux grenades. Le duc d'Abrantès l'aimait comme un frère.

— Mettez vos chevaux au galop, criai-je à mon cocher, et rejoignez l'officier à qui je viens de parler. — Cela fut bientôt fait ; mais lorsque je demandai à l'officier de *faire grâce* à l'un des hommes qui était vraiment blessé : — Je ne suis pas le chef, madame, me dit-il, et je ne puis ni quitter mon poste, ni contrevenir à mes ordres.

Pendant ce temps, les coups de feu venaient toujours retentir à mon oreille ; il me semblait en être frappée !...

— Assez, assez ! m'écriai-je en interrompant les excuses de l'officier qui, au fait, ne pouvait ni m'obéir, ni agir différemment.

Et jetant mon châle sur ma tête pour que le bruit des coups de fusil ne me parvînt plus, je fis signe de regagner au plus tôt la ville. Le soir, le duc de Valmy vint chez moi, et il me trouva dans une telle exaspération que je crois, en vérité, que j'aurais accepté le commandement d'une troupe de *guerillas*, comme il le disait.

— Mais comment vous-même, lui dis-je,

pouvez-vous souffrir que nos officiers commettent une pareille indignité?

— Vous voyez que ces hommes n'étaient pas blessés, et qu'ils couraient comme des lièvres.

— L'un d'eux, mais les autres?

— Tant pis pour les malades : qu'ils disent aux autres de ne pas mentir, et ils iront à l'hôpital au lieu d'être fusillés. C'est un mal nécessaire [1].

— Eh bien! voilà comme on perdra tout-à-fait l'Espagne !

Les événemens, j'espère, n'ont que trop prouvé que j'avais raison.

Pendant l'absence du duc je voulus voir l'in-

---

[1] Voici une anecdote que je viens de retrouver dans mes papiers.

Le duc d'Abrantès étant en Egypte, à la retraite de Jaffa, vit un soldat qui fusillait son camarade. Il courut à lui l'épée haute, et allait le frapper, lorsque le soldat s'écria : — Ah! mon général, écoutez-moi ! c'est le pauvre Duvivier qui m'a prié de l'achever!.... Il souffrait trop! depuis trois jours je le portais, ce pauvre garçon... IL AVAIT LA PESTE ! voyez plutôt ses bubons, mon général!...

Et découvrant l'épaule du soldat mort, il fit voir à Junot l'horrible preuve qu'il avançait.

Mais ces mots : «Depuis trois jours je le portais, il avait la peste!!!»

térieur du couvent des Dominicains. L'église en est fort belle. Cette église et celle de San-Benito sont les plus remarquables de Valladolid. Elles contiennent de beaux tombeaux en marbre blanc, dont les sculptures sont exquises. J'ai connu à Salamanque un moine bénédictin, qui s'occupait beaucoup de sculpture; c'est-à-dire qu'il n'a jamais osé se lancer dans une grande entreprise, mais il avait beaucoup étudié cette partie des arts, et il me disait que le motif qui faisait trouver en Espagne tant de beaux ouvrages en ciselure et en sculpture de bois coloré et de marbre, soit en bas-reliefs ou en architecture dans le genre gothique, c'est qu'à l'époque de la Renaissance il se trouva en Espagne des hommes qui s'occupèrent spécialement de cette partie de la sculpture. Les *Berrugette*, les *Juan Juani*, les *Becerra* et une foule d'autres artistes célèbres, non-seulement en Espagne, mais en Europe, ont attaché leur nom aux plus belles cathédrales de la Péninsule, dans la partie espagnole. Ce portail des Dominicains est vraiment fabuleusement beau, par la multitude de figures et d'ornemens dont il est décoré. Je l'ai laissé presque à la fin de la guerre, et nul endommagement encore ne lui avait été fait; il est donc toujours aussi beau et peut servir de modèle à l'architecte qui veut étudier l'architecture gothique; le cloître est aussi d'une beauté tout-à-fait particulière. Le cloître de l'Escurial et celui des Dominicains de Valladolid sont les deux édifices du genre dont mon imagination est demeurée le plus frappée : celui de l'Escurial, en raison de ses gigantesques figures de Tibaldi, et celui des Dominicains, par l'austérité de sa forme et ses figures placées pittoresquement et avec un art admirable.

J'ai parlé plus haut des prisons de l'inquisition de Valladolid. Je les vis pendant l'absence du duc, tandis qu'il était allé prendre Astorga. Ma curiosité avait été vivement excitée par tout ce qu'on m'en avait dit, et particulièrement monsieur le comte de Forbin. Je voulais parcourir ces souterrains affreux, et j'y mettais d'autant plus d'intérêt que je savais que nulle part en Espagne je ne verrais des lieux semblables. L'inquisition de Madrid n'a été construite que sur la fin du règne de Philippe III, et cette époque est celle où l'inquisition vivait beaucoup sur son ancienne réputation de terreur. Sous Philippe III, elle était encore puissante cependant, et je n'en veux pour preuve que cette histoire qu'on aurait peine à croire si des attestations authentiques ne lui prêtaient leur appui.

Philippe III était un jour sur un balcon du palais avec plusieurs courtisans de son intimité. Tandis qu'ils causaient avec lui, on entendit psalmodier, et un cortége lugubre qui, dans tout autre pays aurait évité les yeux du souverain, défila sous les fenêtres du palais du roi. C'était un *auto-da-fé* qui allait se rendre au *quemadero*. C'étaient deux pauvres capucins qu'on allait brûler pour quelques doctrines que peut-être ils comprenaient mal, mais dont le mauvais effet ne pouvait leur être imputé. Ces pauvres victimes louaient Dieu en allant à la mort, comme si elles eussent bien compris que les misérables qui les jugeaient en son nom n'en avaient aucun ordre ni aucune mission ; le roi Philippe III était en ce moment sur son balcon, comme je l'ai dit.

—Voilà, s'écria-t-il, des hommes qui meurent pour des vérités qu'ils croient mieux que ceux qui les condamnent peut-être.

Personne ne répondit ; le roi, tout attristé, rentra dans son appartement pour réfléchir à l'immense pouvoir de cette puissance occulte qui frappait dans l'ombre, et ne semblait paraître que pour pardonner, tout en donnant la mort.

Le lendemain du jour où le roi avait proféré ces imprudentes paroles, l'inquisiteur-général vint le trouver accompagné des deux têtes les plus importantes après lui dans l'ordre ; leur air était solennel, et Philippe, quoique sa conscience fût calme, se sentit glacé en les apercevant.

— Sire, lui dit l'inquisiteur-général en s'inclinant profondément devant lui, nous venons auprès de Votre Majesté, le cœur déchiré de ce que nous sommes contraints de faire ; elle voudra bien nous pardonner en considération du motif.

Philippe demeurait toujours étonné et sans répondre.

—Sire, Votre Majesté a-t-elle perdu le souvenir de la journée d'hier?

Le roi se rappela alors le convoi funèbre de ces deux hommes vivans, qui avaient passé devant lui comme pour lui demander justice et vengeance; mais il ne répondit pas, il savait trop bien la valeur d'une parole.

— Votre silence me prouve, Sire, que vous êtes instruit de ce que je suis assez malheureux pour avoir à punir.

Le roi releva la tête avec fierté; mais son regard fut contraint de s'abaisser sous celui de l'inquisiteur-général... Celui-ci continua:

—Oui, c'est avec une douleur bien vive; mais enfin, il nous faut agir!... Nous ne frappons qu'au nom de Dieu!...vous l'avez offensé, Sire; vous avez insulté aux jugemens de ceux qui prononcent en son nom; vous devez ÊTRE PUNI.

Philippe demeurait silencieux et sombre.

Qu'aurait-il dit?... Cependant, comme l'inquisiteur-général semblait attendre une réponse, le roi lui dit qu'il n'avait pas eu l'intention d'offenser la majesté divine devant laquelle toutes celles de la terre étaient inclinées, et qu'une parole qui lui était échappée légèrement pouvait lui être pardonnée par le Seigneur; car son ame était pure de toute arrière-pensée.

— C'est possible, mon fils, lui dit le moine; mais toute faute mérite punition, et la vôtre est d'autant plus grave que vous devez l'exemple.

Que pouvait répondre le roi?... S'il avait appelé à son aide contre l'inquisition à cette époque, il n'aurait eu personne, tandis que ses adversaires auraient soulevé l'Espagne contre lui; on l'aurait excommunié que l'on aurait fait comme au temps de Philippe-Auguste : on lui aurait refusé de l'eau!.... Il s'avoua donc coupable, et demanda à être *réconcilié...* Le dominicain, fier de cet aveu et de sa prière, ne voulut pas obtenir plus; mais ce qu'il voulait était déjà si haut placé dans l'offense, qu'il fallait être Philippe III pour le supporter...

Pendant trois jours le genre de punition du roi fut très-discuté... L'inquisiteur-général lui-même repoussait, comme trop sévères, quelques moyens proposés par les anciens de l'ordre. Enfin, il fut arrêté que le chirurgien du roi lui ouvrirait la veine, et lui tirerait une ou deux palettes de sang, et qu'ensuite... ensuite!... LE BOURREAU BRULERAIT CE SANG.

Ce qui fut exécuté [1].

Mais, après le règne de Philippe III, l'inquisition fut abaissée; elle ne fit plus que de rares procédures, qui encore n'avaient aucune partie importante. Les prisons se vidèrent; et comme l'inquisiteur-général était toujours nommé par la cour, elle ne mit plus dans cette place que des hommes à elle... Bientôt le pouvoir de l'inquisition, loin d'être à redouter, eut lui même besoin d'appui... Mais, avant ce moment, elle jeta des flammes qui allumèrent encore quelques bûchers, et la terreur de son nom lui survécut long-temps.

[1] Voyez, pour les détails de ce fait, *Traité des cérémonies religieuses de l'Église catholique*, *Mémoires de Saint-Philippe*, etc.

Parmi les supplices qu'infligeait l'inquisition à l'époque où elle était à Valladolid, on peut compter l'emprisonnement. Ce sont les lieux qui servirent de cachots que j'ai vus !... C'étaient des réduits de dix pieds de longueur sur douze de large, et dans lesquels on enfermait quatre et cinq personnes... Une estrade en pierre était dans un des coins de ce trou infect et humide, dans lequel le jour ne parvenait que par une lucarne pratiquée dans le haut de la voûte, et qui permettait à peine de distinguer les objets. C'était un grand supplice pour les malheureux prisonniers que d'être ainsi en grand nombre, quand ils auraient voulu s'épancher mutuellement l'un vers l'autre ; ils avaient encore la terreur de trouver un espion dans un compagnon d'infortune ; car on n'avait l'indulgence apparente de mettre ensemble quelques prisonniers, que dans le but de faire trahir le principal personnage en lui donnant l'occasion de laisser échapper ses secrets !... Lorsque Llorente me dit cette particularité, je frémis et me sentis au cœur un de ces sentimens d'indignation, qui vous révèlent à vous-même que vous valez mieux que cette partie de l'espèce humaine dévouée au mal par l'essence de sa nature.

Ces cachots, dont je viens de parler, étaient tellement humides, que les nattes qui servaient de lits aux malheureux prisonniers étaient pourries en très-peu de temps; ce que j'ai fort bien compris en voyant les reptiles de toute nature, qui tapissent aujourd'hui les murailles de ces ruines [1]. Les autres meubles du cachot consistaient en quelques vases grossiers en terre, lesquels n'étaient vidés que chaque semaine! Cette négligence infernale occasionait une atmosphère puante et malsaine, qui donnait la mort à la plupart des accusés avant leur jugement.

Mais c'était peu que de jeter ainsi des hommes, des créatures humaines, à une dévorante infection; il leur était défendu de se plaindre!!

---

[1] Tous les détails qui se liront dans ce Voyage, sur l'inquisition, sont parfaitement authentiques; la plupart m'ont été donnés sur les lieux mêmes, à Valladolid, à Madrid et à Paris, par Llorente lui-même.

Si quelque malheureux succombant sous la douleur de ce qu'il éprouvait, rongé par des plaies qui n'étaient jamais pansées, frappé par l'humidité glacée qui régnait dans ces cavernes de la mort; si l'infortuné laissait échapper un gémissement de sa poitrine brûlante, il en était puni par un bâillon qu'il gardait plusieurs jours, et lorsqu'après cette première punition, la douleur, encore plus vive, était plus forte que la crainte du châtiment, alors le malheureux était cruellement fouetté le long des corridors intérieurs. Ces cruelles exécutions avaient lieu en présence d'un inquisiteur! et le sang de la victime rejaillissait sur sa robe noire; car les murailles de ces corridors en étaient encore jaspées lorsque je visitai ces cachots!! Cette même punition, qui pouvait donner la mort en raison de l'instrument employé, était également pour ceux qui parlaient un peu plus haut que la volonté du gardien; ou bien, s'il y avait une querelle dans la chambre, alors tous étaient solidaires, et l'innocent comme le coupable étaient cruellement fustigés avec un fouet formé de petites cordelettes ayant des nœuds au bout!!...

Mais quel que fût le sort de ces malheureux, il en était encore de plus à plaindre : c'étaient ceux qui étaient conduits dans la *chambre du tourment!* Là, se trouvaient ensemble le coupable, l'innocent, le juge et le bourreau!... là, tout accusé refusant d'avouer recevait LA QUESTION.

J'ai vu cet endroit! le souvenir m'en est affreux!.. C'était une *grotte*, une cave profondément souterraine, où l'on arrivait après être descendu pendant une demi-heure par des détours humides et obscurs, qui révélaient l'enfer et ses démons!! Cette caverne, dont les murs ruisselaient d'une eau rousse et visqueuse, était formée de pierres brutes et inégales. Deux flambeaux de cire jaune éclairaient à peine ce lieu qui devait glacer, à lui seul, de terreur l'ame la plus pure et la plus innocente!... Cette terreur, que devait causer un tel lieu, était bientôt redoublée par la vue des bourreaux qui, silencieux comme des ombres, s'approchaient du patient et le prenaient par les deux bras pour paralyser tous ses mouvemens. Ces hommes vêtus d'une robe de tabis noir, ayant la tête couverte entièrement d'un capuchon qui ne laissait des ouvertures que pour le nez et les yeux ; ces hommes s'emparaient du patient et le dépouillaient jusqu'à la ceinture. C'est dans cet état, et lorsque l'imagination était frappée de tout ce qui se passait d'effrayant sous ses yeux, lorsqu'il était affaibli par une longue diète, des traitemens affreux, que les inquisiteurs demandaient à l'accusé de confesser son crime.

— Mais je ne suis pas coupable ! répétait la victime.

Alors, les inquisiteurs l'abandonnaient aux bourreaux, pour qu'ils lui *fissent confesser son crime.*

C'était la même phrase toujours répétée ! Avant de remonter sur son tribunal, l'inquisiteur ne manquait jamais de protester que, si le patient *mourait* ou bien *perdait un membre* par la douleur de la question, *lui seul en était* responsable devant Dieu !!

Il y avait trois questions : celles de *l'eau*, de la *corde* et du *feu*.

La plus affreuse était celle de l'eau !...

On commençait ordinairement par celle de la corde. Elle se donnait ainsi :

Les mains du patient étaient liées derrière son dos, par le moyen d'une corde qu'on passait dans un anneau de poulie. Alors les bourreaux élevaient le patient ; lorsqu'il était en haut de la voûte, l'inquisiteur lui disait d'avouer.

— Je suis innocent ! répétait le malheureux.

L'inquisiteur faisait un signe, et la corde se lâchait, de manière que l'infortuné retombait lourdement à un pied de terre et avait ainsi, par la violence de la secousse, tous les os brisés ; il avait les jointures disloquées, et quelquefois on a vu que la corde qui liait les mains était entrée dans la chair jusqu'aux os ! Dans cet état le patient, encore interrogé, répondait qu'il n'était pas coupable. On le reportait dans sa prison, et là l'infortuné demeurait jusqu'au moment où le Saint-Office le livrait à une nouvelle question plus affreuse, qui était celle de l'eau.

J'ai su comment on donnait cette question! et j'ai vu les instrumens qui servaient à l'administrer! Je ne pouvais comprendre comment on osait parler au nom de Dieu en faisant de telles horreurs!

Le patient, ou, pour parler plus juste, la victime, car les femmes comme les hommes étaient soumises à cette horrible torture; la victime était étendue sur une espèce de chevalet en bois fait en forme de *gouttière*, propre à recevoir un corps humain, n'ayant pour le supporter qu'un simple bâton sur lequel reposait le corps lorsque, tombant en arrière, il se courbait par l'effet du mécanisme du chevalet; ainsi posé, le corps prenait une position qui plaçait les pieds plus haut que la tête, et rendait la respiration extrêmement pénible, en même temps que tous les membres ressentaient d'atroces douleurs occasionées par le penchement du corps et la pression des cordes qui le fixaient au chevalet même avant le garrot!... C'est dans cette situation, déjà une torture elle-même que les bourreaux *commençaient la question*, dont cette torture n'était que le préliminaire !... On introduisait dans le fond de la gorge de la victime un linge très-fin, mouillé, dont une partie venait lui couvrir les narines... Alors on commençait à verser lentement, et presque goutte à goutte, l'eau *que devait* avaler le patient. Cette eau coulait toujours, et, par la position du linge mouillé, le nez en recevait autant que la bouche, de sorte que le malheureux ne pouvait respirer ; car lorsqu'il faisait un effort pour avaler, espérant obtenir un peu d'air, le linge s'appliquait d'autant plus fortement à la gorge et aux narines, et le malheureux ne pouvait respirer qu'avec de tels efforts, que souvent on a vu, lorsque la question était terminée, soit par la mort, car il arrivait quelquefois que le corps n'était pas assez fort pour supporter d'aussi affreuses douleurs, soit par l'aveu de la victime, on retirait de sa gorge le linge tout imbibé du sang de quelques vaisseaux rompus par la violence des efforts qu'elle avait faits !...

A cette torture on ajoutait, comme si elle avait eu besoin d'être augmentée, le supplice du garrot!... Et à chaque instant un bras vigoureux tournait le tourniquet qui resserrait les cordes qui attachaient le patient au chevalet!

La troisième question était celle du feu. Les bourreaux dépouillaient la victime, comme pour les autres questions; ensuite ils attachaient ses jambes et ses bras, de manière qu'elle ne pût changer de position; puis ils lui frottaient les jambes et les pieds de lard, d'huile et d'autres matières pénétrantes, et ils l'approchaient d'un feu qu'on augmentait toujours, et devant lequel les jambes et les pieds arrivaient souvent à être tellement calcinés, que les crevasses de la chair laissaient à découvert les os et les muscles!

C'est avec de tels moyens que l'inquisition gouvernait dans son empire ténébreux! C'est ainsi qu'au nom de Dieu on jugeait les hommes en Espagne! C'est avec de tels moyens que souvent on faisait avouer des crimes imaginaires!... On espérait le pardon!... Savez vous quel était celui qu'on vous promettait? On vous réconciliait avec l'Eglise avant la mort !...

L'atrocité de ces mesures, que la civilisation faisait prendre en horreur tous les jours davantage, finit par frapper aussi les bourreaux qui les ordonnaient. *La Suprême* [1] ordonna qu'on ne pourrait appliquer la question *qu'une fois* à la même personne.... C'était un acheminement vers le mieux ; mais les inquisiteurs *exerçans* ne voulurent pas laisser pénétrer l'humanité sous ces voûtes habitées par le désespoir, et ils employèrent, pour éluder les ordres de la *Suprême*, une *escobarderie* qu'Escobard lui-même n'aurait pas désavouée : ils renvoyaient le patient dans son cachot après lui avoir appliqué la question pendant une heure, en disant que la question était *suspendue* jusqu'à ce que le tribunal jugeât à propos de la reprendre... De cette manière, *la bonté* de la Suprême causait un redoublement de malheur aux victimes !... C'est ainsi que des innocens fatigués

[1] Conseil de l'inquisition.

quelquefois de souffrir une mort de chaque jour, plus cruelle que la mort définitive, la cherchaient eux-mêmes par l'aveu de crimes qu'ils n'avaient pas commis....

Puisque je parle de l'inquisition, il me faut parler des *autos-da-fé*. Je dirai à quelle époque les *autos* ont été convertis en simples *autos* sans bûchers, et quand ils ont enfin cessé.

L'inquisition a conservé long-temps l'horrible droit de brûler des hommes plus justes que leurs juges!... En 1680, c'est-à-dire dans le plus beau moment du règne de Louis XIV [1], lorsque l'Europe florissait de toutes parts, on donnait en Espagne, pour les fêtes nuptiales du roi Charles II, un auto-da-fé dans lequel on brûlait vingt-deux malheureux, et on brisait civilement l'existence de cent autres! Je vais donner le détail d'un *auto-da-fé général*, car l'inquisition en avait deux, les *autos* particuliers et les *autos* généraux.

Les actes de foi particuliers avaient lieu plu-

---

[1] Louis XIV avait alors quarante-deux ans.

sieurs fois par an, à des époques fixes ; comme par exemple le dernier vendredi de Carême. Dans ces *autos*, il y avait peu de victimes.

Les exécutions générales étaient plus rares. On les réservait pour le mariage du roi, la naissance d'un infant, le couronnement du roi ou de la reine. C'était avec les cris de cent bouches expirantes que l'on appelait la bénédiction du ciel sur la vie ou sur le règne d'un prince !... Morts ou vivans, les infortunés qui souffraient quelquefois depuis dix ans dans ces cachots à soixante pieds de profondeur, dont j'ai parlé, en étaient alors tirés pour figurer dans la cérémonie ; on était sûr au moins qu'ils béniraient le roi, puisqu'ils voyaient le terme de leurs maux, fût-ce même par la mort.

Trente jours avant celui fixé pour l'*auto-da-fé* général, les inquisiteurs en exercice, précédés de la bannière du Saint-Office, partaient à cheval du palais de l'Inquisition, et se rendaient processionnellement sur la grande place de Madrid, ou de toute autre ville qui était alors la résidence royale. Cette cavalcade était précédée de timbales et de trompettes. Arrivée sur la grande place, elle annonçait aux habitans de la ville qu'à un mois de là, jour pour jour, il y aurait une exécution et un auto-da-fé [1]. La cavalcade faisait ensuite le tour de la ville toujours au son des trompettes et des timbales, avec un un air de réjouissance absolument semblable à celui que prend la marche du bœuf-gras chez nous le mardi de carnaval....

Voici la description du fameux auto-da-fé de 1680.

Du moment où il fut connu que l'auto-da-fé aurait lieu, on songea à rendre la cérémonie admirablement belle et magnifique; et l'on fit des préparatifs vraiment royaux sous le rapport de la richesse et du luxe. Du luxe, grand Dieu! sur des échafauds et des bûchers! Pour y parvenir, on mit tout à contribution. La grande place fut transformée en un immense théâtre sur lequel on plaça un amphithéâtre de trente degrés destiné à tous les conseils

---

[1] Tous ceux qui figuraient dans un auto n'étaient pas brûlés.

d'Espagne et principalement à celui de la Suprême. Cet amphithéâtre s'élevait jusqu'au balcon du roi. Au-dessus de ces degrés, on voyait un dais et le fauteuil du grand-inquisiteur qui, de cette manière, se trouvait au-dessus du roi. A la gauche du balcon royal, on dressa un second amphithéâtre pour les condamnés et leurs parrains. Au milieu du grand théâtre, il y en avait un autre plus petit, sur lequel étaient deux cages en fer dans lesquelles on devait placer les condamnés pour qu'ils entendissent leur sentence. En face de ces cages, étaient deux chaires, l'une pour le prédicateur, l'autre pour le lecteur du jugement, ou *relateur*. Quant au reste des balcons de la place Mayor, ils étaient réservés aux ambassadeurs *catholiques* et aux grands d'Espagne, qui ne figuraient pas dans le drame comme *familiers*.

Vingt-neuf jours après la publication à son de trompe, la cérémonie commença ainsi : les charbonniers et les dominicains partirent de l'église du palais de l'Inquisition et allèrent à la grande place pour y planter la fameuse croix verte, couverte ce jour-là *encore* d'un crêpe noir, attendu que l'Eglise n'était pas encore vengée et les coupables punis. Cela fait, les charbonniers s'en retournèrent chez eux ainsi que les familiers; et les dominicains demeurèrent seuls sur le théâtre pour y psalmodier toute la nuit.

Le jour de la cérémonie, le roi, la reine, toute la famille royale se trouvèrent sur le balcon royal, à sept heures du matin. Oui!... ce fut par une fête de cette nature, que la fille charmante de Henriette d'Angleterre, la petite-fille de Charles Ier, fut saluée en Espagne!... De pareilles réjouissances devaient être pour elle ce qu'elles furent en effet, l'annonce de funérailles prématurées....

A huit heures, la procession sortit du palais de l'Inquisition dans l'ordre suivant :

1°. Les charbonniers, dont le droit de faire partie de cette procession venait de ce qu'ils *fournissaient le bois destiné au supplice.*

2°. Les dominicains précédés d'une croix blanche.

3°. L'étendard de l'inquisition, porté par le duc de Medina-Cœli, suivant *le privilége de sa maison*. Cet étendard était de damas rouge sur lequel étaient brodées, d'un côté une épée entourée d'une couronne de laurier, de l'autre les armes d'Espagne.

4°. Les grands d'Espagne et les familiers de l'inquisition.

5°. Tous les condamnés, sans aucune distinction de rang, d'âge, ou de sexe, mais suivant les peines plus ou moins sévères auxquelles ils étaient condamnés.

Un *auto-da-fé* ne veut pas dire qu'il y aura *brûlement*; le mot, littéralement traduit, veut dire *acte de foi, amende honorable*. On infligeait différentes peines : elles étaient indiquées au spectateur, avant qu'il entendît la sentence, par le costume du pénitent.

Ceux condamnés à de légères peines étaient ordinairement les premiers du cortége. Ils marchaient la tête et les pieds nuds, revêtus d'un *san-benito* [1] de toile, avec une grande

---

[1] On appelle ainsi une espèce de fourreau, fait comme une au-

croix de Saint-André peinte en jaune sur la poitrine et sur le dos.

Venaient ensuite les condamnés au fouet et aux galères, et puis ceux qui n'avaient pas été obstinés dans le crime et qui, ayant avoué, avaient évité le feu. Ceux-là n'étaient qu'*étranglés ;* en conséquence, comme ils étaient étranglés étant attachés au poteau avant que le bûcher fût enflammé, le *san-benito*, et la *coroza*, grande mitre de carton de trois pieds de haut, qu'ils portaient sur la tête, étaient recouverts de flammes, mais peintes à l'envers pour indiquer qu'ils avaient évité le feu. A l'horreur du spectacle se joignait l'odieux d'une mascarade...

Quant aux *obstinés*, aux *relaps*, ils étaient condamnés à être brûlés vifs. Ils marchaient les derniers et absolument vêtus comme les précédens, excepté que les flammes de leur *coroza* et de leur *san-benito* étaient ascendantes pour indiquer qu'ils devaient subir le feu.

cienne dalmatique de chevalier ; la croix de Saint-André y était peinte en jaune sur la poitrine et sur le dos.

La procession était fermée par le grand-inquisiteur entouré des conseillers de la Suprême, des inquisiteurs en exercice et de son clergé. Il était le dernier ; son habit était violet, ainsi que les rubans de sa mule et tout ce qui dépendait de son harnachement. Derrière et à côté du grand-inquisiteur étaient ses gardes-du-corps. Il est à remarquer que, dans toute cette journée, le roi *très-catholique* était en effet *catholique, apostolique* et *romain* surtout, au point d'oublier qu'il était roi d'Espagne, pour en laisser prendre l'attitude au grand-inquisiteur. Il l'attendait sur son balcon depuis plus d'une heure, et dans le courant de la cérémonie il se passa plusieurs choses, qui du reste firent une telle impression sur la jeune reine, qu'elle ne put le dissimuler au roi. En général, il ne faisait guère que l'écouter, comme on sait; mais il l'écoutait bien, et l'inquisition se nuisit à elle-même, ce jour-là, pour vouloir trop entreprendre.

Dès que chacun fut placé, le grand-inquisiteur donna le signal, et la messe commença.

A l'Evangile, le prêtre s'arrêta !... Le grand-inquisiteur descendit alors de son fauteuil (qui était bien plus un trône que celui du roi); il revêtit une chape et une mitre, et s'approchant du balcon du roi, il lui-présenta les saints Evangiles, pour que le roi jurât de nouveau de protéger l'Eglise et la foi catholiques, en aidant à extirper les hérésies de son royaume. Le roi se leva, et, la *tête nue*, il fit à haute voix le serment que dut répéter toute l'assemblée.

Un dominicain fit ensuite un sermon assez long; puis vint le moment terrible pour les condamnés. *Le relateur* monta dans sa chaire, et commença la lecture des sentences, que chaque malheureux condamné vint entendre à genoux, dans une de ces *cages* dont j'ai parlé plus haut : elles étaient de forme ronde. Cette lecture finie, le grand-inquisiteur prononça l'absolution de ceux qui étaient réconciliés; quant aux malheureux qui devaient mourir, ils furent immédiatement livrés au bras séculier, et conduits au *quemadero*[1] pour y être brulés!... A Madrid, le *quemadero* était à la porte de Fuencarral [2].

J'ai oublié de dire que, quand les malheureuses victimes échappaient par la mort naturelle à la cruauté des inquisiteurs, leurs ossemens ne recevaient la sépulture que lorsque l'auto-da-fé les avait purifiés par le feu. On portait ces ossemens dans de petites caisses en forme de tombeau, et *ils subissaient la lecture de leur sentence*, comme s'ils eussent été revêtus d'une enveloppe humaine.... On commençait par ceux-là. On plaçait leur effigie sur le bûcher (il y avait autant de bûchers que de condamnés), et devant la statue on mettait les ossemens. Lorsque cette exécution était terminée, on attachait chaque condamné au

---

[1] Endroit où l'on brûlait lors des autos-da-fé. Celui de Séville subsistait encore il y a quelques années, et personne n'osait parler en passant même devant ses ruines!

[2] Il existe à Madrid, au Buen-Retiro, du moins y était-il encore dans la dernière guerre des Français, un tableau représentant la Plaza-Mayor, ce même jour de l'auto-da-fé de 1680.

poteau qui était au milieu du bûcher, auquel on mettait le feu!... Quelquefois les condamnés étaient bâillonnés, parce que l'injustice de leur mort les faisait blasphémer d'une telle sorte, qu'ils *scandalisaient* le peuple. La seule faveur accordée à ces infortunés, était de leur demander s'ils voulaient mourir *en bons chrétiens*, et, sur leur réponse affirmative ou négative, le bourreau tournait ou ne tournait pas le tourniquet *qui devait ou ne devait pas les étrangler!!*... Quant aux autres condamnés, ils étaient reconduits dans les cachots du Saint-Office, pour y subir la punition du fouet et les autres pénitences imposées, et les condamnés aux galères etaient envoyés aux *presidios* d'Afrique. Les presidios étaient, comme on le sait, les galères de l'Espagne.

Ce que je viens de rapporter est relatif à l'inquisition moderne... On a prétendu que l'inquisition ancienne était moins barbare. Je n'en sais rien; on l'a dit parce qu'elle ne condamnait pas à mort; mais les pénitences qu'elle imposait étaient affreuses, **et le pouvoir absolu** de l'inquisition bien plus tyrannique encore. Et puis, lorsque le patient avait subi toutes les peines que l'inquisition imposait, on l'envoyait à la justice séculière qui *ne pouvait* se dispenser de le condamner à mort.

Lorsqu'un homme était accusé (sous l'inquisition ancienne) et décrété de prise de corps par le saint tribunal, il n'y avait pas d'asile qui pût le soustraire à la justice du Saint-Office. Il était arrêté dans sa famille, à la cour, dans la chambre qui précédait celle du roi. Le coupable (car il l'était aussitôt qu'il était accusé) était alors perdu pour sa famille et ses amis. Non-seulement on ignorait ce qu'il était devenu, mais il était criminel de s'intéresser à lui. Les gens de l'inquisition se transportaient à son domicile et faisaient une recherche exacte de ce qu'il avait ou pouvait avoir ; ils mettaient les scellés, *emportaient* TOUT ce qu'ils voulaient, sans qu'aucune justice séculière leur demandât compte de ce qu'ils faisaient... car alors le tribunal ne faisait pas de procédure régulière. A cette époque enfin, il n'y avait point de fiscal chargé d'accuser les personnes suspectes; cette formalité elle-même était remplie par l'inquisiteur, après qu'il avait reçu l'accusation des témoins.

Et remarquez que jamais l'accusé ne connaissait quel était son accusateur! en sorte que quelquefois un serviteur infidèle, renvoyé et mécontent, un ennemi dont la fraude dans l'accusation eût été facile à déjouer, devenaient des ennemis puissans et terribles, dès qu'ils étaient inconnus!...

Une horrible loi était celle de la confiscation, car ce mot peut être appliqué à la *saisie* générale des biens du coupable, c'est-à-dire de l'accusé. Ses créanciers perdaient leurs créances, ses enfans leurs droits, sa femme celui de reprendre sa dot, même si le bien venait d'elle. On a vu, à cette époque, des filles de qualité, bien élevées, belles, vertueuses, devenir des femmes perdues, parce qu'abandonnées de la nature entière, repoussées par le dernier habitant de la ville, comme appartenant *à un homme accusé par le Saint-Office*, elles n'avaient d'autre asile que celui de la perdition !...

Dans l'ancienne inquisition, avant Ferdinand le Catholique, c'était le pape qui nommait les inquisiteurs. Aussitôt qu'un moine était nommé, il en donnait avis au roi qui à son tour prévenait les commandans de provinces et tous les gouverneurs d'avoir à lui *obéir en quoi que ce fût*, dès qu'il en serait requis pour le service de Dieu.

Les inquisiteurs n'étaient pas rétribués ; ils n'avaient même aucun salaire fixe ; ils étaient payés selon ce qu'ils faisaient, et non pas d'une manière régulière. Le pape en chargea les évêques, sous le prétexte que les moines détruisaient l'hérésie dans leur diocèse. Mais les évêques crièrent si haut, qu'il fallut les en dégrever, et on retint cet impôt sur les seigneurs, en se servant du même prétexte.

Aussitôt qu'un inquisiteur arrivait dans une ville, il avait *tout pouvoir!*... Le gouverneur lui-même était suspendu de ses *fonctions* et *excommunié*, s'il ne lui obéissait pas en tout. Gil Blas a parfaitement dépeint le pouvoir des inquisiteurs, lorsque, dans le chapitre X du deuxième volume de son histoire, il raconte la descente qu'il fait, avec Don Rafaël, chez Simon, le vieux marchand de Xelva... Nul ne pouvait leur demander compte de leur conduite, et la plus grande terreur, au contraire, entourait de mystère la moindre de leurs démarches.

Je ne parlerai pas des punitions infligées par l'ancienne inquisition; cela m'entraînerait trop loin. Je dirai seulement que l'homme accusé *légèrement* (le mot légèrement est de rigueur) d'un *soupçon d'hérésie*, était conduit dans l'église le jour d'une grande fête, comme la *Chandeleur*, *Noël*, ou *la Toussaint;* là, on le mettait *nu*, et il était fouetté par l'évêque ou par le curé. Le mercredi des Cendres, on le chassait de l'église pour qu'il se tînt à la porte et que de là il assistât aux offices. Le Jeudi-Saint on le réconciliait *une seconde fois*. Tous les dimanches de carême il était ainsi ramené pour être *réconcilié* et chassé de nouveau pour aller à la porte. Il portait sur son habit une croix différente par sa couleur.

Cette pénitence devait durer TROIS ANS ! et j'ai dit que la faute était légère !

Lorsqu'on voulut établir l'inquisition en Espagne, on eut beaucoup de peine. Isabelle ne la voulait pas permettre dans son royaume de Castille. Ferdinand la voulait, et Torquemada, confesseur de la reine et prieur des Dominicains de Séville, sut si bien exciter les scrupules d'Isabelle, qu'elle permit enfin que l'inquisition s'établît en Espagne comme le foyer le plus ardent de l'hérésie, en raison du voisinage immédiat des Maures. Je terminerai ce que j'ai dit de l'ancienne inquisition par la copie que je donnerai ici d'un acte fort ancien, qui prouvera que, si saint Dominique n'est pas *l'inventeur* de l'inquisition, il est au moins bien digne de figurer parmi ceux qui ont imaginé les folies les plus cruellement absurdes. Cet acte est de saint Dominique lui-même, et je le crois fort peu connu, parce qu'il ne concerne qu'un homme obscur ; mais il regarde en même temps l'histoire de toute l'inquisition, et par cette raison il est intéressant à lire.

«..... Nous à tous les fidèles salut ! nous Dominique, chanoine d'Osma, etc., etc.

» En vertu de l'autorité du seigneur abbé de Citeaux, légat du Saint-Siége apostolique (que nous sommes chargé de représenter), nous avons réconcilié le porteur de ces lettres, Ponce Robert, qui a quitté par la grâce de Dieu la secte des hérétiques, et lui avons ordonné de se laisser conduire trois dimanches de suite, dépouillé de ses habits, par un prêtre qui le frappera de verges depuis la porte de la ville jusqu'à celle de l'église. Nous lui avons imposé également pour pénitence de ne manger *ni viande, ni œufs, ni fromage, ni aucun aliment tiré du règne animal,* et cela PENDANT SA VIE ENTIÈRE ! excepté cependant les jours de Pâques, de la Pentecôte et de la Nativité de Notre-Seigneur, auxquels jours nous lui commandons d'en manger en signe d'aversion pour son ANCIENNE HABITUDE ; de faire trois carêmes par an sans manger de poisson pendant tout ce temps-là ; de jeuner trois jours par semaine pendant TOUTE SA VIE ! en s'abstenant de vin, d'huile, de poisson, à moins que ce ne soit pour cause de maladie ou pour les travaux forcés de la saison; de porter un habit religieux tant pour la forme que pour la couleur, avec deux petites croix sur la poitrine; de réciter l'office du jour et de la nuit; le *Pater* sept fois par jour, dix fois le soir et vingt fois à minuit; de vivre chastement, et de montrer cette lettre au curé de Cereri, sa paroisse; auquel curé nous ordonnons que ledit Ponce Robert soit regardé comme parjure hérétique[1] et qu'il soit éloigné de la société des fidèles. »

Une pareille peine n'a pas besoin de commentaire, ce me semble. Que faut-il faire à cet homme? Il est repentant! Vous le *réconciliez!* Et puis vous le marquez d'un sceau infamant! Vous lui dites que tout ce qu'il fait n'est que pour la vie à venir; mais vous la lui faites mau-

---

[1] Il y a évidemment une faute de traduction, soit du latin d'abord en espagnol, soit de l'espagnol en français. Ponce Robert ne peut être regardé comme hérétique que *s'il manque* à ce qui lui est commandé. Il faut le croire, à moins de regarder saint Dominique comme un insensé.

dire, cette vie à venir ! Cette pièce, lorsqu'elle m'est tombée entre les mains, m'a plus donné de colère contre l'inquisition que tout ce que j'en savais !

Une persécution dont on ne parle jamais relativement à l'inquisition et qu'on ne connaît que lorsqu'on est allé en Espagne, est celle qu'entraîna la révolution française pour une infinité de jeunes têtes que les écrits philosophiques avaient un peu dérangées de leur routine habituelle. Il y eut alors une fermentation générale en Espagne et dans toute la Péninsule. Les cachots du Saint-Office se trouvèrent pleins par suite des dénonciations sans nombre faites contre les étudians des universités d'Espagne. Le marquis de La Ronda, principal auteur de la belle mesure politique qui fit supprimer les six grands colléges de Castille, avait excité l'émulation générale. Il avait répandu le goût des sciences. On avait la volonté d'apprendre et on apprenait. Les lumières ont fait un grand pas sous le règne de Charles IV, non pas qu'il y ait aidé, non plus que son ministre, mais par la force des choses. Ce fut surtout la révolution française qui fut le mobile le plus puissant pour donner une secousse violente aux esprits déjà réveillés de l'Espagne. Ce fut en vain que l'inquisiteur-général [1] fit saisir tous les livres, les journaux qui se répandaient en foule, que le comte de Florida-Blanca, premier ministre, ordonna la suppression des chaires d'enseignement du droit naturel et du droit des gens dans l'université de Salamanque, et qu'on prit enfin toutes les mesures possibles pour empêcher les idées libérales d'entrer en Espagne; elles y pénétrèrent malgré les efforts du pouvoir. La mesure la plus violente fut celle employée par le gouvernement, qui ordonna de dénoncer au Saint-Office les personnes attachées à la révolution française. Le seul effet de cette sévérité et de cette mesure tout-à-fait vénitienne, fut de faire regorger les prisons de l'inquisition et de donner naissance à

---

[1] Don Ramon José de Arce, archevêque et patriarche des Indes, quarante-quatrième inquisiteur-général sous Charles IV.

des procès qu'on était contraint ensuite d'abandonner parce qu'il n'y avait pas de preuves suffisantes et que le temps où un accusé se perdait dans les prisons du Saint-Office n'existait plus. Cependant l'histoire de don Pablo Olavidé était encore récente, et devait faire trembler. Voici la dernière mort arrivée sous les voûtes meurtrières de l'inquisition. C'est une catastrophe horrible dont le seul récit peut faire juger de ce que pouvait faire l'inquisition et combien de ruses infernales étaient employées auprès des malheureux accusés. Ce fait a eu lieu sous le ministère du comte de Florida-Blanca.

Un Français, natif de Marseille et établi en Espagne, fixa plus particulièrement l'attention du gouvernement. Il s'appelait *Michel des Rieux*; jeune, ardent, préoccupé des idées nouvelles, il professait des sentimens exaltés, et en Espagne il était connu sous le nom de *l'homme de la nature*. Il aimait Voltaire, Raynal, Montesquieu, Rousseau et tous les écrivains de ce genre. Il professait pour eux une sorte de respect, ce qui parut coupable surtout lorsque les espions mis autour de lui rapportèrent que Michel des Rieux n'allait jamais à la messe et ne remplissait aucun de ses devoirs religieux. Avec l'inquisition soupçon et crime étaient presque synonymes ; Michel des Rieux fut arrêté et jeté dans les cachots du Saint-Office.

A son premier interrogatoire il avoua tout. « Que voulez-vous savoir de moi? leur dit-il. Si je suis catholique? Non. La religion catholique, apostolique et romaine, ainsi que vous appelez la vôtre, me paraît absurde et cruelle d'intolérance. Je n'aime pas davantage celle de Mahomet, ni celle de Wichnou; vous me paraissez tous en ce genre aussi absurdes que méchans. Jusqu'à présent je ne trouve que la religion naturelle qui me paraisse bonne à suivre, et c'est elle que je révère comme première loi imposée à l'homme. Il adore la lumière parce qu'elle le réchauffe et féconde la nature. Il est bon pour autrui parce qu'il veut qu'on le soit pour lui; c'est la meilleure morale. La religion naturelle est vraiment la religion divine. Toutes les autres ne sont que des inventions des hommes. Au reste, ajouta des Rieux en terminant, je ne mets ici aucune obstination. Prouvez-moi que j'ai tort, et à l'instant j'abjure mon erreur si vous me démontrez que c'est *une erreur.* »

Le Saint-Office voulut voir si en effet cette conversion était possible. Un évêque se proposa pour ramener l'incrédule. Les conférences commencèrent. Des Rieux les suivait avec une attention scrupuleuse. L'évêque était un homme selon Dieu et dont le cœur était bon ; de plus il avait de l'esprit, et comprit que des Rieux adorerait la religion chrétienne s'il la comprenait, et que l'Evangile, bien expliqué à cet homme, serait la paraphrase de sa religion à lui-même; en effet, Michel des Rieux crut en ce que cet homme de bien disait d'une religion toute d'amour et d'indulgence. Ce n'était pas ainsi, lui dit-il, qu'il avait compris la religion chrétienne. Au bout de quelques mois, la conversion de Michel fut donc assez avancée pour permettre sa réconciliation, et comme il n'avait pas été un hérétique *obstiné,* il devait seulement paraître à un auto-da-fé particulier; mais le Saint-Office ne pouvait pas abandonner son système en un jour, et, comme le pouvoir lui échappait, il fallait bien que la terreur des cérémonies extérieures fît une compensation. Ainsi donc, Michel ne sut pas d'avance quelle était l'issue de son procès. Il devait être *pénitencier*[1]. Un matin il voit entrer dans son cachot des familiers vêtus de noir, et avec tout cet appareil qui pouvait effrayer même une ame courageuse et forte. Ces hommes lui présentent un san-benito, une corde de genêt et un flambeau de cire verte. A la vue de ces objets qu'une ancienne tradition lui a toujours montrés sous un jour effrayant, il recule et demande en tremblant pour quel usage ils lui sont apportés.

— Pour vous en revêtir, dit le chef des familiers; vous êtes jugé, et vous devez venir entendre la lecture de votre arrêt dans la salle des audiences, revêtu du san-benito, la corde de genêt au cou et un flambeau de cire verte à la

[1] Punition assez douce.

main, pour faire d'abord amende honorable.

— Jamais! s'écria Michel; je ne suis pas un hérétique, répétait-il en reculant avec horreur devant ces objets maudits qui lui annonçaient le bûcher.

Et le malheureux jeune homme affaibli par la prison et cette continuelle préoccupation d'un danger qui était sans cesse à craindre une fois accusé, retomba sur la paille de son cachot, presque privé de connaissance. Il était faible; mais, dominé par une extrême terreur, il reprit des forces en revenant à lui, et refusa de revêtir le san-benito et la corde; on fut obligé d'employer la force; il était jeune, vigoureux: il se défendit long-temps; enfin on le terrassa... et tout meurtri, tout endolori, les bourreaux le conduisirent jusqu'à l'entrée de la salle des audiences. En la voyant remplie d'une foule immense accourue comme toujours pour jouir d'un spectacle humiliant ou cruel, il s'écrie... il recule... il s'effraie de voir tous ces regards attachés sur lui. Sa tête se perd, il oublie que sa vie est dans les mains des hommes qu'il va braver. « Si la religion catholique commande de faire ce que vous faites aujourd'hui, s'écrie-t-il hors de lui, je l'abhorre ! et encore une fois je la repousse et la renie !... Oui, poursuit-il d'une voix tonnante, il est impossible qu'une religion qui déshonore les hommes vienne de Dieu !... »

On le ramena dans son cachot. Sa tête était perdue, il délirait... il défiait les bourreaux pour le conduire au bûcher, il les appelait; enfin, las de les attendre et laissé pour un moment à lui-même, il se pendit après avoir avalé un morceau de linge pour être plus promptement étouffé.

Telle fut la fin déplorable d'un homme qui pouvait revenir au bien, et qui, bien certainement, ne se serait pas tué, s'il eût connu le sort qu'on lui réservait.

Tout ce que je sais des premières années du règne de Charles IV me donne la preuve que le Saint-Office voulait alors prendre une attitude menaçante et se faire investir d'une autorité plus grande. Le procès intenté à Don

Luis Urquijo, celui qui, depuis, a été ministre sous Joseph, prouve plus que toute chose ce que j'avance. Don Luis Urquijo était connu depuis long-temps par son profond savoir, son goût pour la philosophie et l'indépendance de ses idées. L'inquisition se disposait à le faire arrêter, lorsque le comte d'Aranda, alors premier ministre en Espagne, proposa au roi Charles IV, pour sauver Urquijo, de l'associer au ministère. En voyant l'élévation de l'homme qu'il voulait perdre, le Saint-Office garda le silence. Bientôt Urquijo fut ministre lui-même; c'était un homme comme il en aurait fallu à l'Espagne pour la régénérer comme elle devrait l'être, et non comme elle se régénère aujourd'hui. Il fallait lui redonner des idées nouvelles, lui faire revêtir un autre corps, à la place de cette enveloppe vieillie, et non pas lui donner un baptême de sang, comme celui dans lequel on la plonge. Urquijo, rempli de bons sentimens et de volontés philanthropiques, fit dès les premiers jours de son ministère une action qui donna la mesure de ce qu'il pourrait oser plus tard sur l'inquisition elle-même. A la mort de Pie VI, il fit rendre aux évêques d'Espagne les prérogatives usurpées sur eux par la cour de Rome. Il minuta la suppression de l'inquisition et la présenta même à la signature du roi. Mais victime d'une intrigue ourdie par l'inquisiteur-général alors en fonctions ¹, il fut renvoyé du ministère et de ce moment livré à la rage de ses ennemis. Ce fut alors que le Saint-Office voulut ressaisir sa victime. Urquijo fut arrêté, jeté dans un de ces cachots humides et sombres où jamais ne luit le soleil, où jamais une voix humaine ne fait entendre une douce parole. Sa famille n'en eut aucune nouvelle jusqu'au jour de l'abdication de Charles IV. Urquijo mourut à Paris en 1817, après avoir révélé sur les mystères ténébreux du Saint-Office d'étranges et d'odieuses particularités.

L'inquisition eut à cette époque une foule

---

¹ Toujours le même.... Don José Ramon de Arce, patriarche des Indes, quarante-quatrième grand-inquisiteur.

de procès très-curieux, en raison des motifs qui portaient à les faire; aussi les jansénistes furent persécutés mollement, et lorsque les jésuites vinrent se réfugier en Espagne, étant chassés de toutes les parties catholiques de l'Europe, ils furent reçus et accueillis; mais ils devinrent bientôt des hôtes si importuns en Espagne comme ailleurs, que le gouvernement dut les bannir.

Un fait qui serait à la louange du prince de la Paix, s'il eût été un homme comme Urquijo, c'est que l'inquisition voulut le faire arrêter. Mais c'était pour des faits personnels à lui-même, et non pas le défaut de vouloir innover. Ceci est encore assez curieux pour trouver place ici.

Doña Maria Teresa de Bourbon, cousine du roi et femme de Don Manuel Godoï, prince de la Paix, avait pour lui une de ces aversions qui emploieraient le diable pour se satisfaire dans leurs persécutions. L'inquisition, quoiqu'elle parlât au nom de Dieu, venait certes bien alors au nom de l'enfer pour servir en pareil cas la vengeance d'une femme haineuse. Les sujets ne manquaient pas; celui de bigamie venait d'abord. Je veux croire que c'est une fausseté et que madame Tudo n'était pas la femme de Don Manuel Godoï; mais enfin on le disait ; et si jamais les caquets ont été dangereux, c'était au pays du Saint-Office[1], d'autant qu'on ajoutait que, depuis huit ans, le prince de la Paix ne s'était pas confessé et qu'il professait l'athéisme. Je ne lui croyais pas la tête assez forte pour cela.

L'inquisiteur-général d'alors était un homme timide : c'était François Lorenzana, cardinal-archevêque de Tolède, quarante-troisième inquisiteur-général. Le prince de la Paix était l'amant de la reine Maria Luisa; mais le cardinal était homme du monde : il se demanda pourquoi il irait troubler la paix dont jouissait sa souveraine, et il n'osa pas *décréter* l'arrestation de Godoï. Mais il y avait à la tête de cette intrigue de grands meneurs moins timorés. On

---

[1] Voir dans l'un des chapitres suivans la très-singulière histoire du crédit du prince de la Paix.

expédia au pape *directement* pour avoir un ordre afin d'arrêter le prince de la Paix. Le pape donna l'ordre, et le courrier qui le portait en Espagne alla s'embarquer à Gênes. Là il fut arrêté par Napoléon qui commandait alors en chef l'armée d'Italie, et qui fondait aussi une inquisition générale bien autrement terrible que ne l'était à cette époque celle d'Espagne. L'intérêt de la république française était que l'harmonie subsistât toujours entre elle et l'Espagne. La lettre fut envoyée avec avis particulier au prince de la Paix. Le général Pérignon, notre ambassadeur à Madrid à cette époque, remit la correspondance mystérieuse au prince de la Paix. Le prince de la Paix était l'obligé de l'Empereur depuis long-temps, d'après ce que l'on voit. A la connaissance qu'il eut de cette conspiration contre lui, le cardinal fut éloigné et l'archevêque Don Ramon Joseph de Arce fut élu à sa place. On sait que la cour de Madrid avait droit d'élire les inquisiteurs-généraux. Dans cette dernière circonstance, le Saint-Office courut le danger de voir son autorité attaquée avant de tomber, et de n'arriver au lieu de sa chute que morcelée. Le prince de la Paix voulait que le roi d'Espagne rendît une cédule par laquelle il reconnaissait que le droit d'arrêter un sujet castillan n'appartenait qu'au roi d'Espagne. Cette loi aurait tué l'inquisition; mais elle n'inspirait déjà plus de terreur, et chacun l'insultait. A l'exemple d'Urquijo, un autre ministre voulut aussi l'attaquer. Melchior de Jovanellos entreprit de réformer le code inhumain de procédure de l'inquisition. La grande question était surtout pour la prohibition des livres. Mais le malheureux ayant perdu sa place, l'inquisition le fit exiler à Mayorque.

J'étais à Madrid en 1805 lorsque le Saint-Office de Saragosse mit en jugement un curé qui avait émis en chaire des principes condamnés par l'Eglise. Je me rappelle que les charges contre cet homme étaient très-fortes. Elles devinrent si graves, que les inquisiteurs durent conclure à la mort; mais tandis que le Saint-Office délibérait, le curé s'en fut pardevant un tribunal qui devait le juger sans appel :

il mourut[1]. Et, chose remarquable! la Suprême ordonna de suspendre la procédure afin de ne pas *brûler le mort!* Cette tolérance annonçait la faiblesse de cette fameuse Suprême, jadis si altière et si cruelle.

Ce fut la dernière personne condamnée à mort par le Saint-Office. L'année suivante, j'appris que Charles IV avait abdiqué en faveur de son fils Ferdinand VII. On avait parlé quelquefois de faire accuser le fils devant l'inquisition, à l'exemple de Don Carlos, en l'accusant, comme lui, de chercher à détrôner son père. Mais les temps n'étaient plus les mêmes, et Charles IV était loin d'être un Philippe II. Ferdinand le savait; c'était de tous les hommes le plus lâche et le moins généreux, que ce Ferdinand : souple dans l'infortune, insolent et cruel dans le bonheur. C'est le type du mauvais dans ce que la nature humaine a de plus honteux. On sait

---

[1] On brûlait jadis les ossemens de ceux qui échappaient au bûcher par une mort naturelle.

comment le nouveau roi Ferdinand VII s'empara du trône le 19 mars 1808, comment il bannit son vieux père, comment l'empereur Napoléon donna cette couronne à son frère Joseph; mais ce que tout le monde ne sait pas, c'est que Ferdinand VII écrivit alors de Valençay où il était, au roi Joseph, pour le féliciter et lui DEMANDER SON AMITIÉ, et qu'il ordonna en même temps à tous les Espagnols de reconnaître Joseph et de lui obéir... Je sais bien que les partisans de Ferdinand me viendront dire que l'on *a forcé* Ferdinand à écrire cette lettre. Je dirai comme Sancho, lorsqu'il était gouverneur de Barataria, et qu'il répondit, à cette femme qui se plaignait du laboureur : *Ma mie, on ne prend de force que celles qui le veulent bien.* On ne contraint jamais à écrire malgré soi... Napoléon, étant à Sainte-Hélène, n'a jamais dit et écrit que ce qu'il a voulu.

Nous arrivons à l'abolition totale de cette puissance infernale de l'inquisition. L'occupation de l'Espagne par l'armée française commença par la frapper de nullité; quoiqu'elle fût presque anéantie par l'effet de cette occupation, et que le quarante-quatrième inquisiteur-général eût cessé ses fonctions, il parut nécessaire à l'empereur Napoléon de lui porter un dernier coup, et en 1808, le 4 décembre, étant à Chamartin, près de Madrid, il décréta la totale suppression du Saint-Office, *comme attentatoire* à la souveraineté ; il fit faire à son tour un *auto-da-fé* de toutes les procédures qui se trouvèrent dans les archives du conseil de la Suprême ; on ne conserva que les bulles et les brefs de Rome... Le total des victimes de l'inquisition se monte jusqu'à cette époque de 1808, depuis celle de 1481, année de sa fondation en Espagne, à 34,658 brûlés vifs, 18,049 brûlés en effigie, et 1288 condamnés aux galères ou à la prison. — Je ne parle pas ici des victimes de l'inquisition sous le règne de Ferdinand VII !... Les galères, l'exil, la prison, en ont fait mourir un très-grand nombre. — Je n'ai relevé également, pour une autre époque, que les condamnés espagnols périssant sur le sol de la patrie, et je n'ai pas parlé des malheureux que le duc d'Albe a fait mourir en Flandre, de ceux que les vice-rois d'Espagne, en Amérique et dans les Indes, ont sacrifiés au plus hideux fanatisme!... Et non-seulement l'inquisition a décimé l'Espagne par le feu et la prison; mais l'exil et la terreur qu'elle inspirait ont fait fuir de son territoire plus de cinq millions d'habitans industrieux, qui ne furent jamais remplacés sur le beau sol de la Péninsule... Je n'ai pas mis non plus dans cette liste le nombre des victimes de l'inquisition portugaise. Lorsque je serai arrivée à l'article de Lisbonne, je parlerai de cette autre puissance meurtrière qui faisait aussi ses ravages...

J'ai souvent parlé dans mes ouvrages de la force de l'esprit de contradiction dans la nature humaine; l'Espagne fut au moment d'en donner une preuve lors de la suppression du Saint-Office par l'Empereur.— Les Espagnols voulaient cette suppression, et parce que c'était lui qui la faisait, ils furent au moment de réintégrer l'inquisiteur-général dans ses fonctions de bourreau. Heureusement que les libéraux étaient en nombre supérieur à Cadiz lorsqu'après la promulgation de la constitution de 1812, l'inquisition fut détruite. La liberté de la presse fut proclamée, les droits seigneuriaux abolis, ainsi que toutes les antiques reliques du pouvoir royal, et la constitution d'Espagne solennellement proclamée vers le mois de février ou mars 1812. — Elle fut accueillie avec une joie qui tenait du délire!.. Les Espagnols se disaient que Ferdinand, leur espoir, leur amour, leur roi bien-aimé, ratifierait avec bonheur tout ce qui devait faire le bien de son peuple, et si l'on doutait de quelque chose à cette époque toute d'espérance, c'est que Ferdinand ne voulût une constitution encore plus libérale!... On sait quelle fut sa conduite à son arrivée en Espagne!...

Mais ce qu'on ne sait pas bien cependant, ce fut sa volonté déterminée de rétablir le Saint-Office... Il avait été non-seulement supprimé par le fait des libertés que la constitution espagnole donnait à la nation; mais les

Cortès l'abolirent par un nouvel acte qui fut sanctionné par une majorité immense. La joie générale fut si vive, que l'opinion du pays se fit voir plus que ne l'auraient fait des milliers de volumes sur cette matière. Les Cortès s'occupèrent aussi, dans cette mémorable session, de la réforme des moines. Elles en réduisirent le nombre, et mirent des obstacles raisonnables à la faculté d'admettre des novices. Les biens du clergé furent également diminués; et les Cortès en appliquèrent une partie aux besoins publics. Leur conduite, enfin, fut celle d'une réunion d'hommes de bien, jaloux de mériter la confiance de ceux qui les chargeaient du bonheur du pays.

Mais tous ces bienfaits d'un temps plus éclairé furent détruits à l'arrivée de Ferdinand VII, lorsqu'au mois de mars 1814; il rentra en Espagne, stupide et méchant, aigri par le malheur, et n'écoutant que ses passions vicieuses : il lui fallait un tribunal inique pour servir ses vengeances, et l'inquisition était celui qu'il aurait institué s'il n'eût pas existé avant lui... Un des premiers actes de la puissance de Ferdinand fut donc le rétablissement de l'inquisition !... Et l'inquisiteur-général, le quarante-cinquième inquisiteur, fut l'évêque d'Almeira, Don Francisco Mier y Campillo...

Ce quarante-cinquième inquisiteur publia un édit, en 1815, qui contenait, avec de la douceur dans les promesses, les plus absurdes bêtises que l'ignorance du xve siècle pouvait à peine tolérer!... La torture avait bien été abolie par le pape Pie VII ; mais les bagnes étaient ouverts, et bientôt ils se refermèrent sur des milliers de victimes qui moururent dans des cachots infects, dans des prisons que le fanatisme le plus odieux, réuni à l'esprit de parti et à ses vengeances, transformait exprès en des cloaques infâmes!... Les membres des deux assemblées des Cortès, c'est-à-dire les hommes qui avaient le mieux servi l'Espagne, furent traités avec une telle barbarie, que l'on dut craindre que l'Espague ne vît renaître pour elle SEULE un siècle d'ignorance et de barbarie. Un cri de fureur contre l'homme qui pouvait à ce point méconnaître l'esprit public du pays qu'il venait gouverner, se fit entendre d'un bout de l'Espagne à l'autre! Il partit surtout de l'île de Léon! Ce fut de là que ce cri libérateur partit éclatant et retentissant.

Eh quoi! le sang espagnol versé pour la cause de cet homme, la fidélité de ce peuple admirable, rien ne le touchait! — Rien n'ouvrait ses yeux frappés d'aveuglement comme ceux de tous les rois qui perdent leur pouvoir!... Il continua à rendre des édits, et la nation voyant enfin à quel point cet homme était peu fait pour la commander, la nation se retira de lui. L'édifice gothique sur lequel reposaient les espérances stupides de Ferdinand, s'écroula comme par enchantement à la seule voix de la nation, criant: Liberté!... Ferdinand dut voir, ainsi que les hommes de son parti, qu'aujourd'hui, en Europe, le système despotique est devenu impossible. L'inquisition elle-même, réédifiée à son commandement, s'évanouit une seconde fois devant le bras puissant du peuple... Les bûchers s'éteignirent pour toujours, les familiers redevinrent des hommes, et ne furent plus des bourreaux. — Partout où il y avait un tribunal du Saint-Office, le peuple se portait en foule à la prison, enfonçait les portes, et délivrait les prisonniers. — Les palais des inquisiteurs, les *quemaderos*, les affreux cachots de l'inquisition, tous les instrumens de torture, tout ce qui rappelait cet affreux tribunal, ce règne si long de terreur et de sang, fut donc aboli, et cette fois, à jamais.

Cependant l'appel de la royauté avait été entendu par des hommes qui étaient pour ce règne infernal, et tout aussitôt que les congrès de Laybach et de Vérone eurent décrété qu'il fallait contraindre les Cortès à modifier la constitution, c'est-à-dire à morceler leur œuvre, tandis qu'elles jugeaient cette œuvre bonne et bien faite, il parut des bandes qui se rassemblèrent sous le nom d'*Armée de la Foi*. Ces bandes se formèrent dans les provinces voisines de la France, et mirent à leur tête un homme connu sous le nom de *Trappiste*... Ces troupes soldées et entretenues, excitées par le clergé espagnol pour défendre les droits du même clergé, et replacer *ensuite* Ferdinand sur le trône, se battirent contre les troupes constitutionnelles. Elles voulaient rétablir le roi, mais le but principal était de rétablir l'inquisition; c'est un fait que je tiens d'un des lieutenans même du Trappiste!... — Ce fut en vain que ces troupes prirent une marque royaliste pour en imposer aux puissances étrangères qui voulaient bien rétablir Ferdinand VII, mais qui ne voulaient pas du Saint-Office... *Les juntes apostoliques* prirent donc vainement le titre de *protectrices* de l'armée de la foi; on sut bientôt que cette armée était celle de l'inquisition. Le duc d'Angoulême lui-même, ayant appris ces particularités, quelle que fût son opinion religieuse, ne voulut aucunement reconnaître cette puissance occulte qui pouvait commettre dans l'ombre de si grands délits qu'il serait impossible ensuite de les punir, et qu'il valait bien mieux prévenir. — Le duc d'Angoulême s'opposa donc très-positivement à la promulgation publique de ce pouvoir donné par le Saint-Office à l'armée de la foi.— En tout, le Dauphin s'est très-bien comporté en Espagne; le duc de Guiche, noble et digne *gentilhomme* bien digne de porter ce nom, dont la vraie signification se perd tous les jours... le duc de Guiche s'est aussi admirablement conduit pendant cette guerre d'Espagne; et comme son amitié pour son noble maître est connue, ainsi que celle que lui porte le Dauphin, on peut lui vouer de la reconnaissance pour le bien qui s'est fait en Espagne pendant la guerre de 1823.

L'armée de la foi, partout où elle passait, commettait de telles horreurs, que le prince fut contraint d'exiger son licenciement. Il était vraiment honteux d'avoir de tels alliés!... Il demanda et obtint avec peine leur renvoi... Ce fut alors qu'ils prirent décidément la marque royaliste, et se firent appeler *volontaires royalistes*... C'était toujours cette même *escouade de familiers*... cette milice *diabolique* que l'inquisition avait voulu créer du temps de

Charles-Quint, et que ce monarque habile, ainsi que son fils Philippe II, avaient toujours repoussée... Mais puisque j'ai commencé à vous montrer tout le mal que cette phalange maudite a pu faire en Espagne sous le nom révéré du Seigneur, je veux continuer à lever le rideau qui le cache encore à quelques regards peu accoutumés à fixer de pareilles horreurs, et à croire que la voix d'un chrétien puisse articuler des paroles de sang et de proscription.

Le long séjour que j'ai fait en Espagne et en Portugal à plusieurs reprises m'a fait maintenir, dans ces deux pays, des relations que je conserve toujours avec intérêt. J'avais donc souvent des nouvelles de l'Espagne, et je voyais comme aujourd'hui quel mal font à ce beau pays un gouvernement mal-entendu et des oppositions funestes... J'avais aussi des détails sur les excès auxquels se portaient les soldats appelés *volontaires royalistes*, et je frémissais en songeant aux vengeances dans un pays où les représailles sont une nécessité comme de respirer pour vivre. On réforma cependant les excès *de ces volontaires royaux*. Mais à peine un peu de tranquillité était-il acquis à ce malheureux pays inondé de sang depuis tant de siècles, qu'une insurrection des plus étonnantes eut lieu en Catalogne.

Des corps nombreux se formèrent dans plusieurs parties de cette province sous le prétexte de rétablir Ferdinand dans la plénitude de son pouvoir royal. — Ces troupes prirent le nom de *mécontens* (agraviados), et firent la guerre à la couronne, le tout pour son bonheur et sa plus grande gloire!... Mais le roi, comme toujours, n'était qu'un prétexte à tout ce beau zèle. — On savait dès l'origine que les chefs de cette nouvelle révolte étaient dans quelques cloîtres, et que de leur sombre retraite ils soufflaient la discorde et le trouble, appelaient aux vengeances, et le tout pour avoir la paix !.... L'Espagne doit avoir été vue, à cette époque, pour être bien décrite à présent. — Il ne suffit pas aujourd'hui de parcourir l'Espagne en ne s'arrêtant pas seulement deux heures dans une ville, pour écrire sur l'Espagne, il faut l'avoir habitée, et de plus avoir toujours maintenu des relations actives avec ce pays turbulent ; car il faut bien plus de cette surveillance de tous les momens sur ce qui s'offre à vous en Espagne que dans tout autre lieu. C'est une chose si particulièrement étrangère à tout ce que nous avons vu jusque-là, que nous devons être tout-à-fait attentifs à ce qui se présente à nos yeux en entrant en Espagne, et ne pas croire que parce que l'Espagne est un pays *coutumier*, il soit inutile de relever la tête une fois que l'on a regardé dans le chemin par-devant soi.—Voilà ce qu'on fait à présent beaucoup; témoin M. Edouard d'A..., qui me disait en revenant du Midi, il y a deux ans, avec un grand sang-froid : — Mon voyage en Provence a été charmant.. Je l'ai fait d'ailleurs sous une si délicieuse influence !... Nous n'avions pas chaud du tout !...

— Eh ! comment avez vous fait ? — Nous étions à demi-morts de chaleur ici, et sans aller courir les grands chemins !...

— Oh! me répondit-il avec une grande naïveté, nous dormions le jour et nous avons toujours voyagé la nuit.

Il y a bien des voyages faits de cette manière, de même qu'il y a bien des livres faits avec des livres seulement!...

Pour en revenir aux fameux troubles de la Catalogne, je dirai que, lorsque les ministres de Ferdinand qui, après tout, en avait quelques-uns de bons au travers d'autres qui étaient mauvais, lorsque ces ministres eurent commandé le désarmement des *volontaires royalistes*, et que cette mesure eut enchaîné ces hommes de sang que l'Espagne avait encore en trop grand nombre pour son malheur, on vit un mouvement bien singulier, qui fut, comme je l'ai dit plus haut, celui des *mécontens* (agraviados). Un homme du plus haut mérite, un de ces hommes que l'Espagne honorera, parce que sa parole fut saintement libre devant le pouvoir, et qu'elle sut exprimer ce que sentait le cœur d'un homme de bien à la vue des calamités de sa patrie (cet homme était le fiscal de l'audience de Barcelone, M. Dehesa), présenta à Ferdinand VII, à son arrivée à Tarragone, le vrai motif de l'insurrection de la Catalogne.

« Cette révolte, dit M. Dehesa, est le résultat d'un plan vaste et profond, concerté avec calme, médité et amendé à plusieurs reprises, et enfin exécuté avec résolution... C'est l'œuvre d'une conjuration sanguinaire et surtout implacable! On a des vengeances à exercer; on a des représailles à exiger : une grande partie du clergé espagnol est à la tête de cette conjuration. Une immense force, comme richesse, et l'appui donné à cette révolte par des masses inertes en apparence, mais toujours actives, si vous les appelez au partage de trésors faciles à conquérir, voilà les appas et les ressources que cette révolte a pour elle et dont elle se sert [1]! »

---

[1] Et quelle force comme richesses!... Tous les trésors des couvens ont été sauvés en grande partie lors de la guerre de 1808 à 1814.

M. Dehesa disait vrai. C'était du fond des cloîtres que la discorde soufflait son venin sur des malheureux qui ne pouvaient lui résister, ne connaissant que la parole qui les excitait au nom de Dieu et de leur roi!

Un fait assez remarquable, c'est que, jusqu'alors, les révoltes fréquentes de la Catalogne avaient eu lieu sous un régime absolu et toujours par un principe de liberté et un sentiment de républicanisme. Mais, en ce moment, il y avait un gouvernement libéral, et le mouvement de la Catalogne était tout opposé à ceux qui l'avaient précédé.

Ferdinand qui lui-même, disait-on, fomentait sous main la révolte de Barcelone, tout en ayant l'air de vouloir la punir, Ferdinand luimême faisait une défense qui n'était qu'illusoire. On connaissait sa façon de penser; il en était de lui comme de Louis XVI, qui signait des constitutions et en même temps des traités pour que le roi de Prusse fît entrer ses troupes en France. On donna même une leçon assez vive à Ferdinand VII, pour venir à l'appui de ce que je viens de dire, et ce fut un évêque qui le fit.

Effrayé de ce qui lui paraissait une résistance à la volonté de Dieu, Ferdinand convoqua une espèce de concile provincial à Tarragone, et là il dut se convaincre que les moines voulaient le rétablissement de l'inquisition avant tout.

« Sire, lui dit l'évêque de Vich, vous avez ordonné que tout fût rétabli comme avant la révolution, et cependant la *sainte inquisition* n'est pas encore en fonctions. »

Et en conséquence de cette résistance aux ordres du roi, les évêques refusèrent la plupart de se rendre à l'appel de Ferdinand, donnant pour raison que le souverain n'était pas libre, et que ses décrets lui étaient dictés par ses ministres. L'Espagne prenait le même chemin que la France en 1789 et 1793 : bientôt la guerre civile éclata dans toute son horreur; des bandes d'*agraviados* parcouraient la Catalogne en criant : *Vive l'inquisition! mort aux negros!* (les libéraux) : et cela se passait en 1823!... Ferdinand qui, de cœur, était pour les *agraviados*, n'osait cependant pas les soutenir, et les troupes royales poursuivaient en même temps les chefs des *blancos* dans tous les lieux où l'on savait les trouver. On proclama enfin une amnistie ; mais comme on ne tint pas la parole royale donnée, au mépris de l'honneur et de la foi jurée, ce qui restait de chefs *agraviados* se sauva dans les montagnes. On les y alla chercher, et, pendant un mois, la ville de Tarragone fut ruisselante du sang espagnol, tandis que les soldats du comte d'Espagne mettaient en pièces par les chemins tous ceux qu'ils y trouvaient. Tant que les victimes ne furent prises que parmi les chefs militaires des *agraviados*, le clergé ne parut pas vouloir, ouvertement au moins, se mêler des affaires ; mais le jour où l'échafaud se dressa pour des hommes qui tenaient à l'Eglise, alors le clergé se leva et fit entendre une voix menaçante. Il poussa des cris de rage, lorsque le *padre del pugnal* (le père du poignard) fut traduit en jugement, et tout fut mis en œuvre pour le suspendre. Le chanoine Corrans fut aussi arrêté sur le bord de sa flotte. Cependant la prison de Tarragone (le fort royal) reçut, à l'époque de la guerre de 1825, le nom de *chemin du ciel*, parce qu'il était rempli d'*agraviados* qui étaient contens de mourir, pourvu que l'inquisition fût rétablie. Et ces choses se passaient en 1825, en Europe, à côté de nous ! Enfin, l'inquisition fut décidément abolie, après que le roi Ferdinand fut ramené à Madrid par les soins de son cousin, le *prince généralissime*, comme on appelait le duc d'Angoulême, qui paraissait un libéral de 1789 à côté de Ferdinand VII.

On prétend que Don Carlos a promis le rétablissement de l'inquisition pour *affrioler* une partie de la nation. Mais il raisonne mal : tout ce qui tenait aux couvens, à l'inquisition, était vivant sous Ferdinand VII, et même conservait encore une volonté de revenir au pouvoir. La Suprême voulait se rétablir sur ses ruines encore fumantes. Mais aujourd'hui il n'existe plus que les fils, ou les neveux de cette génération presque éteinte, et la tradition qu'elle a laissée n'est pas assez séduisante pour que l'on soit tenté de prendre la même route. J'ai donné la preuve, au reste, de ce que peut vouloir un homme comme Don Carlos, dans cet ordre du jour, cette proclamation, datée d'Elizondo, et que j'ai placée en tête de cet ouvrage : on y verra la pensée de cet homme. C'est Philippe II sans talens; c'est Louis XI avec toute sa cruauté et sans son esprit; c'est l'homme inepte et méchant, sans aucune des qualités enfin qui font quelquefois pardonner le nom de tyran!

J'ai raconté dans ce chapitre tout ce que je savais de l'inquisition, et j'ai levé, je crois, un coin du voile assez étendu que l'on jetait sur elle ; je vais maintenant reprendre ma route vers Madrid, et raconter ce que j'ai vu dans cette belle ville, soit avant, soit pendant la guerre.

CHAPITRE III.

Madrid. — Ses églises. — Ses palais. — La cour de Charles IV et la reine Maria Luisa. — La princesse des Asturies, sœur de la reine des Français. — Le prince des Asturies, depuis Ferdinand VII. — Le prince de la Paix. — Madame Tudo.

Il me faut raconter ce qui m'est arrivé un jour pendant mon second voyage en Espagne. — J'étais en route par un fort mauvais temps, et ce désagrément était doublé par celui de la saison qui est toujours rigoureuse en Castille à cette époque : c'était la veille du jour des morts. Il pleuvait ; la pluie était froide et fine, le vent pénétrant, et je sentais, de moment en moment, l'humeur accroître l'ennui de ma position. — Arriverons-nous bientôt? demandai-je au zagal qui courait à côté de la voiture avec autant d'aisance que s'il eût été au mois de mai et sur un tapis de fleurs!...

— Eh! eh! répondit-il toujours en courant et levant les épaules, comme pour me dire qu'il n'en savait rien... J'appelai le mayoral...

— Tout à l'heure, me dit celui-ci.

Je me rejetai avec humeur dans le fond de ma voiture, car l'expérience m'avait appris ce que c'était que le mot *tout à l'heure!*... J'avais encore une grande lieue à faire; j'en étais sûre!...

Nous suivions les bords de l'Esla, petite rivière qui se jette dans le Duero au-dessous de Zamora, et nous devions arriver à Santa-Orena... Je me résignai, et, comme je l'avais prévu, *le moment* que le mayoral m'avait fixé s'étendit à une heure et demie.

En arrivant à Santa-Orena, j'étais tellement saisie de froid, que je me précipitai dans cet enfer qu'on appelle une cuisine de *posada* [1], et qui sert à la fois de chambre à coucher, de salle à manger et de salle de réception, à la famille et aux vingt ou trente muletiers qui passent quelquefois la nuit dans cette posada; Santa-Orena se trouvant sur la route des Asturies pour les muletiers qui font la contrebande. — Il y avait un bon feu; et je vis dans la maison un air de fête qui me surprit; mais ce qui me surprit bien plus, fut d'entendre, sous une sorte de hangar voisin de la maison, un homme crier à haute voix comme pour une vente à l'enchère. — Je demandai ce que c'était; on me répondit que c'était aujourd'hui qu'on *délivrait les ames!* — Cela ne m'apprenait rien; j'allai moi-même sous le hangar, où je vis toute la population de Santa-Orena qui s'y était réfugiée pour éviter la pluie, et qui était là revêtue de ses plus beaux habits de fête. Je demandai à un *licencié* qui était près

---

[1] J'ai déjà expliqué qu'une *posada* est une auberge de ville ou de village; une *venta*, une auberge isolée; et une *fonda*, une auberge entretenue par le gouvernement.

de la porte de la cuisine, et paraissait en dehors de la joie de l'assemblée, ce que signifiait l'air de fête qui était dans tout le village.

— C'est aujourd'hui qu'on tire les ames du purgatoire, me répondit-il, et ce que vous voyez là est pour ces pauvres ames. On a donné ce qu'on a pu; les uns de l'argent; les autres, des vêtemens, etc., etc., et l'on vend au profit des ames tout ce qui a été donné pour elles; ensuite on remet l'argent de la vente aux moines chargés de les délivrer.

Il y avait sur les lèvres du licencié un air moqueur qui ne m'échappa pas. Je le regardai en souriant aussi, et il me répondit par un regard qui m'avertissait de ne pas pousser plus loin l'enquête, à moins que je ne parlasse comme je le devais faire... Je le compris. Je savais que, malgré l'entrée des Français en Espagne, il y avait des provinces où la crédulité était encore entière. — La vente qui se faisait en ce moment était formée de plusieurs objets propres au labourage, de deux moutons vivans, de quelques poules, et d'un gros paquet de portraits de saints et de saintes, de ces mauvaises gravures qu'on voit en Espagne accrochées aux murs de toutes les posadas — *El verdadero retrato de Nuestra Señora la Virgen!* ou bien, *el verdadero retrato del señor san Domingo!...* Ces images furent achetées en un instant au prix fixé par l'homme qui criait : *Por las animas!* J'en achetai pour trois piastres, et je les distribuai aux paysans. Je crois qu'ils m'auraient portée en triomphe si je l'avais voulu. Le licencié me dit tout bas :

— Je parierais que cet homme a tout autant de portraits du roi Ferdinand VII dans son autre poche!...

Je regardai le licencié ; il avait quarante ans à peu près, et me parut de bonne foi.—Pourquoi d'ailleurs m'aurait-il trompée ? Mon opinion était bien connue!.. J'étais la femme du général en chef du 8ᵉ corps, du premier aide-de-camp de l'Empereur; l'amie du roi Joseph ; et cela on le savait.... Le licencié comprit mon doute; il sourit encore...

— Ne craignez rien, madame, me dit-il

en très-bon français (jusque-là nous avions parlé espagnol), je suis dévoué au roi Joseph; mon frère est lieutenant dans sa garde, et moi je prie tous les jours pour lui... Si je vous ai dit que cet homme a des portraits de Ferdinand VII, c'est que j'en suis sûr; si vous daignez me promettre de ne faire aucun éclat, je vais vous en apporter un...

Il s'éloigna; mais, un quart-d'heure après, je le vis revenir en effet avec une mauvaise gravure représentant Ferdinand VII en prison dans une tour élevée, et montrant à une fenêtre grillée sa laide figure, tellement dolente, avec une expression si effroyable et si bête, qu'il y avait un bien grand mérite à appeler à soi un pareil souverain... La gravure était bariolée de jaune et de vert pour plus d'effet apparemment. Il y avait autour une phrase espagnole qui disait : — Priez pour la délivrance de notre seigneur et roi Don Ferdinand VII.— J'ai conservé long-temps cette gravure, et ne l'ai perdue que depuis peu d'années...

La singularité de ce spectacle m'avait fait

oublier le froid et la faim. Je rentrai dans la cuisine où je trouvai la maîtresse de la posada en grande contestation avec mon cuisinier. Il voulait faire mon dîner, et voulait acheter à cet effet des pigeons, de la volaille, et d'autres objets qui se voyaient sur la table de la cuisine de la posada; mais la maîtresse prétendait que ce n'était pas à elle, et qu'elle ne pouvait en disposer...

—J'ai donné tout ce que j'avais, s'écriait-elle avec cet accent criard et nasillard qu'ont presque toutes les femmes espagnoles, surtout dans la classe du peuple, lorsqu'elles disputent; j'ai donné tout ce que j'avais de meilleur dans ma maison. *Ces pauvres ames!* ajouta-t-elle, *que ne ferait-on pas pour elles!...*

— Mais au moins vendez-moi ce que vous avez sur cette table.

C'était une très-belle volaille, des pigeons et des lapins.

— Je ne le puis, c'est au prieur du couvent de San-Pablo.

—Pardieu! s'écria mon cuisinier, vous êtes

une drôle de femme de me refuser quelque chose pour le service de la table de ma maîtresse, de la femme du général en chef, quand je vous propose de vous le payer! Si vous raisonnez encore, je vais le prendre sans vous donner un *maravédis* [1].

J'intervins alors ; mon mari m'avait toujours défendu de laisser commettre la moindre exaction à mes domestiques lorsque j'étais éloignée de lui. Cette femme disait que ces provisions étaient au prieur de San-Pablo ; il fallait les lui laisser. Je fis donc signe à Simon mon cuisinier pour qu'il laissât les choses comme elles étaient. Je fus récompensée de ma bonne conduite. Un quart d'heure ne s'était pas écoulé qu'il m'arriva un énorme panier porté par deux frères lais et rempli non-seulement de volailles excellentes et de gibier, mais de poisson très-bon et très-frais pêché le matin même dans l'Esla, et dans une petite corbeille à part étaient plusieurs boîtes de confitures sèches délicieuses, entre autres

[1] On voit que mon cuisinier avait lu Gil Blas.

de ces fameuses prunes d'Elva, confiture la plus exquise que j'aie jamais mangée. Le prieur me faisait faire ses excuses de ce qu'il ne venait pas lui-même; mais la fête des ames le retenait au couvent. Comme le couvent était un couvent de Franciscains, je crus pouvoir offrir au moine quelques piastres pour les pauvres ames mortes et vivantes qu'il voudrait soulager; il les prit avec une grande reconnaissance et s'en alla enchanté de moi comme je l'étais de son prieur, ou père gardien, car je crois que c'est ainsi que s'appelle le supérieur d'un couvent de Franciscains.

Tandis que cette discussion avait lieu, le temps s'était éclairci et la procession allait partir. Cette procession était d'autant plus remarquable que le motif qui faisait une loi de n'y pas manquer est d'une nature assez singulière.

Le jour de la Toussaint, veille des morts donc, on porte des cierges sur la tombe de ses parens.

Je vis se former cette procession qui se

composait surtout de femmes et de jeunes filles. C'était dans de pareils momens qu'on pouvait s'apercevoir du mouvement qui enlevait les hommes de leurs villages pour les entraîner dans la guerre civile. Les femmes étaient presque seules dans beaucoup de villages et même de petites villes.

La procession se mit en marche au bruit du chant psalmodié des femmes, qui mirent dans leur accent une sorte de mélodie plaintive qui me frappa. J'oubliai ma fatigue et surtout mon ennui, et moi aussi je suivis la procession et demandai un cierge. Nul des miens ne reposait dans ce village; mais Dieu nous entend de partout, et la prière du chrétien pour une ame chrétienne arrive à ses pieds quel que soit le lieu d'où elle parte.

Nous partîmes de l'église du village et nous nous dirigeâmes vers le cimetière, qui est à quelques toises du village. Il y avait un cimetière à Santa-Orena. Je fais cette remarque parce qu'à cette époque les cimetières n'étaient pas généralement existans en Espagne et qu'on a eu long-temps la détestable coutume d'enterrer dans les églises. Nous partîmes donc pour nous rendre au cimetière. Chaque assistant portait un cierge. Une pauvre fille, qui était mal vêtue et paraissait misérable, pleurait à sanglots de ne pas en avoir un. Mon domestique m'en avait acheté trois ou quatre paquets, et me suivait avec tous ces cierges [1]. Je lui fis signe d'en donner un à cette fille ; elle le reçut avec une si grande joie que je ne pus m'empêcher de lui demander pour quelle raison elle était si joyeuse : elle me répondit que ce même jour des morts, toutes les ames font elles-mêmes une procession dans le Purgatoire, et que ces cierges que l'on met sur leur tombe vont les trouver en Purgatoire pour qu'elles les portent à leur procession. — Si ma mère n'avait pas eu de cierge, tandis que ses voisines et ses amies en ont toutes, jugez, madame, quelle humiliation aurait eue ma pauvre mère ! Je ne m'en serais jamais consolée ; soyez bénie, madame !

[1] On les vend ainsi attachés plusieurs ensemble, comme des bougies : ils sont fort petits.

soyez bénie, pour m'avoir évité ce malheur ; car sans vous ma pauvre mère aurait assisté les bras croisés à la procession là-bas.

Mais la folie superstitieuse de beaucoup d'Espagnols va bien autrement loin ce jour-là. Il y a peu de fleurs à cette époque de l'année ; cependant sous le beau ciel de la Péninsule, l'hiver n'est jamais assez rigoureux pour empêcher une sorte de floraison dans les bruyères parfumées qui tapissent même le sol le plus ingrat. Les femmes recherchent les moindres fleurs et en ornent leur chambre et leur lit, en ayant bien soin de laisser le lit vacant, afin que l'ame puisse s'y reposer si elle est fatiguée [1]. Lorsque je rentrai à la posada je trouvai mon hôtesse, jeune et jolie petite Asturienne, vive, alerte et pas du tout semblable à Maritorne que Cervantes fait naître dans les Asturies. Elle avait fait une moisson de fleurs très-belles et très-odorantes : c'était des bruyères d'hiver [2], avec

---

[1] Tous ces détails sont parfaitement exacts.
[2] L'une des plus belles espèces de bruyères de l'Europe méridionale, l'erica arborea.

leurs belles petites fleurs blanches en cloches purpurines et d'autres. Elle en avait des rameaux tout fleuris qu'elle mettait sur le lit et sur tous les meubles de sa chambre. Lorsqu'elle sut que le père gardien m'avait envoyé des provisions, et que j'avais suivi la procession, elle se mit tellement à mes ordres que je ne savais plus comment m'en délivrer. Enfin je lui dis que je resterais le soir chez elle, parce qu'en effet il était trop tard pour songer à se remettre en route ce même jour. Elle fut charmée et voulait, Dieu me pardonne! me donner le lit de sa chambre, au grand scandale d'une vieille tante qui ne me paraissait pas du tout touchée de ce que j'avais fait. Cette femme ne souriait jamais, elle regardait toujours un Français avec une colère renfermée qui lui donnait une forte ressemblance avec ce que Walter Scott nous raconte de la vieille femme puritaine, la mère de Cuddy. Cette vieille Espagnole récitait toujours son chapelet et grommelait autant d'injures contre les Français.

Lorsqu'elle sut que j'avais suivi la procession, elle sourit avec un air qui voulait être bienveillant. Mais ensuite elle revint à elle, et me dit avec une sorte de colère :

—Pourquoi l'avez-vous fait, puisque vous ne croyez pas en Dieu ?

C'était une des raisons qu'on avait données pour nous faire exécrer par le peuple espagnol. — On lui avait dit que Napoléon ne croyait pas en Dieu, qu'il était excommunié par le pape, et que tout ce qui tenait à lui était damné. — J'ai couru une fois un très-grand danger dans un village près de Ledesma, petite ville du royaume de Léon, où j'étais allée me promener avec quelques personnes de l'état-major du duc d'Abrantès; lui-même devait nous rejoindre à la fin de la promenade. Cela ne fut pas long; mais la chose se présentait de manière à être effrayante, car les femmes s'en mêlaient... La vieille femme de Santa-Orena revint pourtant à de meilleurs sentimens... Mais ce ne fut qu'après que le licencié lui eut parlé, et bien expliqué que c'était mon sentiment qui m'avait portée à prier et à déposer comme les autres mon cierge sur la tombe de la mère de mon hôtesse [1]... Alors la vieille me vint prendre la main, et avança, contre ma tête jeune et jolie alors, sa vieille tête couverte de cheveux ressemblant à de la soie blanche, et noués avec un ruban vert et argent, sans qu'aucun bonnet ni nulle autre coiffure les recouvrît. J'aime beaucoup cette méthode.—Pourquoi cacher les cheveux blancs sous une coiffe? — Il vaut bien mieux les montrer et demeurer fière de leur neige, que de les cacher sous une touffe de fleurs.

Cette histoire des ames m'en rappelle une assez plaisante sur le même sujet, que je tiens de l'un des descendans du comte de Villa-Mediana. Il était un jour dans l'église de Notre-Dame-d'Atocha; un religieux lui demanda pour la délivrance d'une ame : — Car, seigneur, lui dit le moine, *hoy, se sacan animas* (aujour-

---

[1] Lorsque dans une circonstance comme celle-ci on se trouve, comme moi, dans une ville étrangère, on dépose son cierge sur la tombe de quelques parens de ceux qui sont vos hôtes.

d'hui on délivre des ames). Le comte lui donna une pièce de quatre pistoles (40 fr.) — Ah! dit le moine, en voilà une de sauvée!... Le comte donna une seconde pièce.... — Ah! s'écria le moine, encore une délivrée!.... Le comte redonna une nouvelle pièce de quatre pistoles; nouvelle exclamation du père... Cela se renouvela jusqu'à sept fois; à la huitième, comme le bon père prenait goût à la chose, le comte de Villa-Mediana s'approcha du moine et regardant la petite coupe dans laquelle étaient encore toutes les pièces qu'il avait données :

— Vous m'assurez que les aumônes que j'ai faites ont été bien efficaces, n'est-ce pas, mon père? lui demanda-t-il, et les ames que j'ai secourues sont sauvées?... Le croyez-vous?...

— Comment? dit le moine, si je le crois! Elles sont maintenant au ciel! je les ai vues passer... c'est-à-dire, j'en ai eu la communication.

— Eh bien! alors, dit le comte, rendez-moi mes pièces... Elles vous seraient inutiles, et à moi elles me serviront à délivrer encore d'autres ames.

En parlant ainsi, il avait repris ses pièces en en laissant une pour la peine que le moine avait prise de lui répondre, dit-il ensuite.

Ce culte pour les ames était porté si loin en Espagne, où l'on adorait tout excepté Dieu, que j'ai connu une famille fort riche autrefois, et habitant près de Truxillo, dont le chef, en mourant, voulut avoir pour le repos de son ame sept mille messes. — Comme il était mal dans ses affaires au moment de sa mort, cet argent formait une somme encore assez forte, et les créanciers ne voulurent pas d'abord abandonner leurs droits à ces messes qui venaient leur enlever une portion de leur avoir. Mais on jugea que le mort avait fait *son ame son héritière*. En conséquence, la somme fut adjugée.

Fulano a dejado su alma heredera [1], dit-on vulgairement de ceux qui, comme cet homme, laissent une partie de leur bien pour faire dire des messes.

---

[1] Un tel a fait son ame son héritière.

Il y a eu de cette manière bien des millions laissés à l'Eglise. Voilà sur quoi on est revenu en Espagne; est-ce donc un tort?... Non sans doute; et les familles ruinées quelquefois par l'intrigue d'un moine qui faisait donner toute une fortune à son couvent n'auront plus ce danger à redouter.

Ce comte de Villa-Mediana, dont je viens de parler, était le plus beau seigneur de la cour d'Espagne au moment où la princesse Elisabeth, femme de Philippe IV, vint de France à Madrid : le comte la trouva belle et l'aima. La reine ne fut pas sensible, disent les uns, au mérite du comte; d'autres prétendent qu'au contraire elle l'aima aussi... La version la plus croyable est celle-ci, parce que le comte fut ensuite ce qu'un homme n'est jamais que lorsqu'il est certain de réussir... il fut audacieux!...

Il était un jour dans l'église de l'Escurial avec la reine dont il était le premier écuyer... il s'approcha de l'autel, et voyant dans une coupe de vermeil une somme d'argent assez forte qu'on y avait mise, il la prit en disant : —

J'ai un amour éternel ; mes peines le sont aussi et bien plus cruelles que celles des ames en souffrance... Je vais donc m'emparer de ces aumônes ; elles me sont dues à plus de titres.—
Il n'emporta pourtant rien ; mais il avait voulu parler devant la reine et lui dire tout ce qu'il souffrait sous le voile d'une parole mystérieuse. La reine était sans doute vertueuse ; mais elle avait un cœur, et un cœur de femme, toute reine qu'elle était !... Le comte était jeune, beau, brave et passionné ; il était toujours auprès d'elle ! que de motifs pour être attendrie ! Aussi le fut-elle... Il y eut alors un carrousel comme il y en avait souvent à cette époque, ainsi qu'à la cour de France... Le comte y parut avec un habit magnifique en drap d'or entièrement brodé de petites pièces d'argent toutes neuves, de cette monnaie qu'on appelle en Espagne des *réaux*. Il portait pour devise cette allusion à son habit : *Mis amores son reales !...*

On jugea alors que, pour avoir osé mettre ainsi en évidence une telle devise, il fallait que la reine le lui eût permis. Le duc d'Olivarès, alors premier ministre et ennemi de la reine et du comte, les entoura d'espions pour découvrir s'ils étaient coupables. Il ne manqua pas de faire remarquer au roi Philippe IV la témérité d'un sujet qui osait porter une devise dont le sens était évidemment injurieux à la majesté royale. Le roi, sans répondre au duc d'Olivarès, reçut le poison que celui-ci lui jeta dans l'ame : il devint jaloux, et ne fit plus que songer à s'appliquer à découvrir l'intelligence de la reine avec le comte de Villa-Mediana. Celui-ci dont la passion insensée ne connaissait plus de frein, et qui, chaque jour, ne s'occupait qu'à divertir la reine par une fête, une surprise nouvelle, lui prépara une comédie dans sa propre maison, en lui demandant de l'honorer de sa présence ainsi que le roi. Le roi accepta, espérant découvrir plus facilement, dans le trouble d'une fête, ce qu'il voulait savoir. Le comte ordonna les habits, les machines, tout ce qui pouvait rendre cette fête la plus somptueuse que l'Espagne eût encore vu donner dans les cours brillantes des royaumes de Castille et de Grenade. La reine avait un rôle muet dans cette comédie : elle paraissait au milieu d'un ciel d'azur et d'or, entourée d'anges, et recevant sur son trône l'hommage de tous les sujets que le soleil éclairait de sa lumière, et qui étaient alors sous la domination du roi d'Espagne, le roi l'ayant ainsi permis. La reine était donc sur cette nuée, lorsque tout-à-coup le feu prit à la toile qui faisait le nuage. La reine poussa de grands cris, et tout ce qui l'entourait fut effrayé au point de perdre la tête : le comte de Villa-Mediana seul ne la perdit pas... tout avait été organisé par lui... Sans cesse obsédée par une femme qui ne la quittait même pas de vue, sa camarera mayor, la reine ne pouvait même parler au comte ; il imagina donc ce moyen, un peu dangereux néanmoins, mais dont l'invention prouve un grand amour... Il s'élança vers la reine, au premier cri du feu, l'enleva dans ses bras, et la transporta dans le jardin par un petit escalier dérobé qu'il connaissait mieux que les autres, puisque la maison était à lui. Cette maison valait plus de cent mille écus, m'a-t-on assuré : le comte la perdit en entier ; mais aussi il serra dans ses bras celle qu'il aimait, une seule minute à la vérité, mais cette minute fut pour lui une éternité de bonheur dans le souvenir de son ame. Il crut que ce bonheur n'était connu que de Dieu et de celle qui le lui avait donné ; mais un petit page avait suivi la reine : on n'avait pas pu s'en méfier, parce que ni le comte ni la reine ne l'avaient vu ; le petit page avait pu tout remarquer, et il dit tout ce qu'il avait vu au duc d'Olivarès. Celui-ci en avertit le roi qui, ayant enfin une certitude, voulut se venger. Le comte de Villa-Mediana fut attaqué plusieurs fois sans que les assassins néanmoins pussent venir à bout de lui. Il était brave, et puis il savait, depuis le jour du feu, que sa vie était le bonheur de celle d'un autre : il la devait défendre aussi. Il la défendit longtemps ; mais enfin, un soir que le comte sortait du palais avec Don Luis de Haro, il fut tué, dans son carrosse, d'un coup de pistolet tiré presque à bout portant.

Le comte de Villa-Mediana était l'homme le

plus accompli de la cour d'Espagne. Sa figure était charmante. J'ai vu trois portraits de lui dans une galerie appartenant à une famille qui descend de lui par les femmes. Il était remarquablement beau et distingué. La reine mourut peu de temps après lui. On a prétendu que sa mort n'était pas naturelle. Il y a une chance pour croire que la vengeance du roi ne s'est pas encore arrêtée à la mort du comte de Villa-Mediana. Le petit page avait vu le comte baiser le pied de la reine. Cette faveur à cette époque était plus grande que toute faveur accordée dans la plus profonde intimité. C'était une faveur qu'une femme entièrement à celui qu'elle aimait ne lui avait pas encore accordée alors, même après deux ans d'intimité quelquefois. Cette faveur que le petit page avait vu prendre au comte avait donc paru au roi une preuve de la culpabilité de la reine Elisabeth et son arrêt fut porté. Le nom d'Elisabeth était un titre malheureux pour l'Espagne. Hélas! celui de princesse de France l'était encore plus, et Marie-Louise-d'Orléans qui lui succéda, comme sa belle-fille, dans cette cour lugubre et meurtrière, vit ses jours tranchés à leur matin dans la même chambre où Elisabeth avait rendu le dernier soupir en appelant aussi à son secours la France et ceux qu'elle aimait !

De Madrid.

Madrid ne fut long-temps, comme on le sait, qu'un petit bourg que Charles-Quint et Philippe II n'habitaient pas. C'était Valladolid qui alors était la capitale de l'Espagne. Mais Philippe III ne voulut pas habiter Valladolid, parce qu'on y manquait d'eau, et Madrid, qui en manque encore plus, fut choisi pour devenir la capitale d'un empire qui, alors, était le plus vaste et le plus riche du monde entier ; Madrid appartenait, alors qu'il n'était qu'une bourgade, aux archevêques de Tolède... Ainsi, tandis qu'en Espagne même, tant de belles et riches cités sont devenues des hameaux déserts, un village est devenu rapidement une magnifique ville.

Rien cependant n'annonce au voyageur qu'il

arrive dans la capitale de l'Espagne en approchant de Madrid, soit qu'il arrive de France par Somosierra ou le Guadarrama, soit qu'il vienne de l'Andalousie par la Manche. Autour de la ville est une immense plaine d'une terre blanche et crayeuse, qui ressemble à un désert de la Haute-Egypte. Les auberges qui se trouvent à deux lieues de la capitale de l'Espagne sont encore plus mauvaises que celles qui se trouvent dans la Vieille-Castille. Le sol est aride et surtout dépouillé de verdure. Seulement, lorsqu'on arrive aux bords du Manzanarès, on trouve un pont magnifique et très-nécessaire pendant neuf mois de l'année, quoiqu'un mauvais plaisant ait dit qu'il voudrait bien savoir pourquoi on avait fait un pont là où il n'y avait pas de rivière. Il y en a une et même une très-forte pendant les deux tiers de l'année.

Lorsqu'on est à cet endroit on commence à reconnaître la résidence d'un grand roi... Ce pont a mille pas à peu près de longueur... La porte à laquelle il conduit, est celle de Ségovie ; ce n'est pas la porte par laquelle je suis passée la première fois que j'entrai dans Madrid ; mais j'ai parlé du pont, et alors je le place comme il doit l'être. — Ce magnifique pont fut construit sous Philippe II, qui n'habitait pas Madrid, mais voulait l'habiter un jour. Il est de Don Juan de Herrera, l'architecte qui fit la moitié de l'Escurial. Le pont de Tolède, également sur le Manzanarès, n'est pas aussi beau quoique plus moderne ; il est extravagamment orné de niches et de saints, comme le sont au reste tous les ponts d'Espagne.

Madrid a un avantage sur la plupart des autres villes d'Espagne : ses rues sont larges, ce que je n'ai vu nulle part qu'à Madrid. Elles sont même assez bien pavées, autre avantage qu'elles doivent au voisinage du Guadarrama et de beaucoup d'autres montagnes où le granit abonde. Les rues les mieux habitées et les plus fréquentées, sont la rue d'Alcala, la rue de Tolède, la Grande-Rue (Calle Mayor). Quant aux places, elles sont assez peu régulières, et pas assez nombreuses. La plaza Mayor, celle où se faisaient les *autos-da-fé* dont j'ai parlé, est la plus belle de toutes. Elle est régulière, avantage que n'ont pas les autres. Son circuit est de 1,536 pieds; les maisons qui l'entourent sont au nombre de cent trente-six, toutes ornées de beaux balcons en cuivre doré, et ayant cinq étages. Le premier est soutenu par des piliers qui forment une galerie autour de la place dans laquelle se promènent les habitans de Madrid lorsqu'il pleut, ou bien que le froid les chasse des belles allées du Prado.

On a beaucoup parlé de la promenade du Prado, et, selon moi, il n'en a été encore rien dit qui puisse donner l'idée de la beauté de cet admirable lieu. Chaque endroit vous offre toujours un charme profond par le souvenir qui s'y rattache, lorsqu'une longue suite de siècles s'est écoulée sur lui en le couvrant d'un voile mystérieux qui laisse raconter tout bas une foule d'aventures amoureuses, tragiques, chevaleresques et plus ou moins aventureuses... Le Prado dont nous parlent tant toutes les vieilles comédies espagnoles, les comédies de capa-spada — ce Prado qu'on appelait jadis le Pré San-Jeronimo, et qui existait déjà lorsque Gil Blas nous raconte le duel de Don Mathias; ce Prado a bien changé de forme depuis cette époque; mais c'est toujours le même lieu, et la magie des souvenirs n'a pas quitté ses allées fraîches et ombreuses. Mais il est devenu moins dangereux à parcourir. Ses allées sont droites et alignées; son terrain est aplani; des fontaines jaillissantes y entretiennent nuit et jour une ravissante fraîcheur. — On peut y braver le soleil de midi; on peut s'y promener à toute heure, en tout temps... C'est au comte d'Aranda, qui fut premier ministre sous Charles III, qu'on doit l'embellissement du Prado... On voit que c'est bien moderne. C'est également à lui que la ville de Madrid doit la propreté et surtout la sécurité dont elle jouissait au moment où Charles IV monta sur le trône... La ville de Madrid n'était alors éclairée que par les lanternes qui brûlaient devant les madones;

et les voleurs étaient assurés d'une impunité absolue, car la police de l'inquisition était la seule en vigueur, et pourvu que les voleurs et même les assassins disent qu'ils croyaient en Dieu, cela suffisait pour les faire absoudre de tous les crimes, à moins qu'ils n'eussent tué un moine ou un prêtre. C'est la vérité qu'une pareille iniquité, et nous étions cependant en état de raison à l'époque où cette rage fanatique, qui faisait tout méconnaître, dominait à la fois l'Espagne et le Portugal, comme je le montrerai dans le volume suivant.

Le Prado est situé au bout de la belle rue d'Alcala; son terrain est aujourd'hui bien nivelé et planté de huit rangées d'arbres de chaque côté d'une vaste route, sur laquelle circulent deux longues files de voitures dont l'une est montante et l'autre descendante. De cette manière, on peut se voir et se saluer de la voiture où chacun fait une sorte de sieste *éveillée*, si je puis employer ce mot. Au milieu, les hommes qui ont des chevaux à Madrid, et maintenant la coutume en est assez générale, se montrent et font la cour aux femmes à la portière de leur voiture. Avant la guerre le Prado offrait un coup-d'œil très-curieux à un étranger : c'était ce qui se passait au moment de l'angélus... On l'entendait sonner à San-Pasquale, petite église enfumée qui est sur le Prado même. Au même moment, tout ce qui parlait se taisait ; tout ce qui cheminait s'arrêtait. Tout devenait silencieux et immobile à croire que la mort avait frappé cette multitude, si animée une minute auparavant... Quelle que fût la parole que prononçait la bouche d'une femme, fût-ce un aveu, elle changeait cette parole en une prière. Tout enfin devenait différent, et lorsque l'angélus était dit, alors, comme par enchantement, tout reprenait la vie et le mouvement. Les mules elles-mêmes, qui savaient qu'elles devaient *s'incliner* et *se taire*, devenaient plus vives et remuaient leurs clochettes empanachées... Le Prado était alors une chose bien étonnante à voir à six heures du soir en raison de l'angélus ; car le matin la promenade ressemblait à toutes celles de l'Europe : c'était

Longchamps ou les *Cassine* de Florence. Le Palais-Neuf dont beaucoup de voyageurs ont tant parlé ne me plaît pas. Je trouve que la comparaison qu'on en a faite à une maison de bénédictins est parfaitement vraie. C'est une forteresse isolée..... Enfin c'est tout ce qu'on voudra, excepté un palais de roi.

On a choisi, pour le bâtir, l'ancienne place de l'Alcazar, c'est-à-dire l'ancien palais des rois de Castille, tandis qu'on avait au Buen-Retiro une adorable position, à côté du Prado un jardin magnifique, de beaux ombrages, enfin tout ce qui manque au Palais-Neuf. Aussi personne ne l'habite-t-il, et les rois d'Espagne sont-ils d'assez bon goût pour préférer le palais du Sitio [1] au palais royal de leur capitale; mais aussi ils s'isolent de leurs sujets, leur deviennent étrangers, et l'inconvénient devient ici ce qu'il est toujours dans les royaumes où les souverains s'éloignent de leurs sujets : les sujets s'éloignent d'eux.

[1] *Sitio* : on appelle ainsi les résidences royales hors de Madrid, telles que l'Escurial, Saint-Ildefonse et Aranjuez.

Cet Alcazar qui existait du temps des Maures était plutôt une forteresse qu'un palais ; il fut réparé par Henri II, embelli et augmenté par Henri IV. Charles-Quint y voulut demeurer, et le rendre digne de la demeure d'un roi comme lui, qui rêvait la monarchie universelle. Philippe II, son héritier, mais non pas celui de sa magnificence, donna pourtant des ordres mal donnés pour que le palais de Madrid fût rendu habitable ; mais il ne rêvait que l'Escurial, aussi ses ordres furent-ils mal suivis. Son fils Philippe III et Philippe IV l'augmentèrent et l'habitèrent. Ce palais fut brûlé en 1734, sous Philippe V, qui d'ailleurs n'aimait, ainsi que la reine sa mère, que l'habitation du Buen-Retiro.

Cependant Philippe V avait le goût des châteaux magnifiques, qu'il avait puisé à Versailles auprès de son grand-père : il fit reconstruire le palais avec une grande magnificence, mais sans goût. Ce fut l'abbé Juvarra, connu en Italie et surtout à Turin, qui fit les plans du nouveau palais : il fit même exécuter le modèle en bois. Mais ses idées étaient trop vastes ; le terrain ne le fut pas assez pour qu'il les exécutât.

Juvarra étant mort, Saquesi, autre Piémontais et son élève, fut choisi : il fit un nouveau plan que Philippe V adopta, et le nouvel édifice fut commencé en 1737.

Sa forme est un carré parfait de 470 pieds ; sa hauteur est de 100 pieds. La principale façade est au midi, et de ce côté-là la façade a trois étages, tandis qu'à l'orient il y en a quatre et cinq au nord, en raison de l'inégalité du terrain.

Du sol jusqu'au premier étage l'architecture ne présente qu'une masse lourde et sans grâce. L'ordre d'architecture supérieur veut avoir une forme ionique ; mais tout est lourd et confus, et on ne sait ce que c'est. La corniche et la balustrade qui couronnent le faîte sont tellement massives, qu'on est peiné de voir tant de travail pour produire si peu d'effet agréable à l'œil.

Ce qui est vraiment admirable, c'est le trésor inappréciable que renferme ce palais en ouvrages des premiers peintres de l'univers. La guerre y a fait peu de tort; tout y est réintégré, et si quelques tableaux sont demeurés hors de l'Espagne, les plus importans y sont rentrés; leurs noms, d'ailleurs bien connus, font foi de leur retour. Je ne sais si les tableaux ont été reposés dans le même ordre, ce qui fait que je ne puis me hasarder à faire la description de ces chefs-d'œuvre. Ce que je puis dire, c'est que l'Espagne serait riche plus qu'une autre puissance ne le serait en tableaux, si elle ne possédait seulement que ce qui se trouve dans le Palais-Neuf. Les Raphaëls s'y trouvaient seuls plus nombreux qu'en aucun lieu de l'Europe.

Les peintures à fresque sont d'un nommé *Tiepolo*. Cet homme a beaucoup travaillé en Espagne, et son pinceau a particulièrement décoré le Palais-Neuf, comme Tibaldi a décoré l'Escurial. Ce Tiepolo a peint à fresque la grande salle de bal, la salle d'antichambre de l'appartement du roi. Dans la pièce suivante, toujours le même peintre orna de son pinceau les murs de la salle. Dans celle-ci, c'est une corniche ingénieuse, ce sont toutes les provinces sous la domination du roi d'Espagne, et représentées sous leur costume particulier. C'est charmant et bien exécuté.

Antoine Mengs a aussi donné beaucoup de travaux de lui dans le Palais-Neuf : il a peint à fresque une foule de pièces dans l'appartement du roi, de la reine et des infants. J'aime beaucoup le talent de Mengs, mais Raphaël [1] plutôt qu'Antoine ; il y a une grande différence entre les deux Mengs.

Il y a une petite pièce que je recommande à la curiosité des amateurs; c'est le petit cabinet appelé, par les hommes qui montrent le palais, *cabinet de la Chine*; je ne sais trop pourquoi... peut-être est-ce parce que les murs de cette petite salle sont entièrement recouverts en plaques de porcelaine sorties de la manufacture du Buen-Retiro. Mais il faudrait que les

---

[1] *Raphaël Mengs* et *Antoine Mengs*; tous deux avaient un beau talent.

sujets fussent entièrement chinois, ce qui n'est pas. — Il y a dans cette pièce des choses admirables comme travail. Tout cela est posé sans goût; mais on pourrait en faire quelque chose de remarquable.

Faire la description de tous les tableaux serait d'abord difficile, et puis je renvoie pour avoir le catalogue à des voyageurs comme l'abbé Pons ou Colmenar, ou bien encore Towsend; quant à moi, je fais attention aux tableaux qui me frappent l'ame, et dans cette ligne il y en a peu. — Je sais donc qu'il y a beaucoup de tableaux en Espagne, et je ne sais aussi le nom que d'un petit nombre, parce que je ne suis touchée que par des beautés spéciales.

Mais il en est un qui me fit pleurer la première fois que je le vis.... C'est un tableau de Raphaël; c'est une œuvre divine; c'est le génie religieux qui lui a révélé son talent; c'est la muse du ciel, non pas la muse païenne, mais la muse des douleurs chrétiennes, qui a mis elle-même sur sa palette les couleurs avec lesquelles il devait nous peindre les dernières angoisses du Sauveur!...

Ceux qui vont en Espagne, et qui ne voient qu'avec les yeux des autres, vous parlent de ce qu'ils ont vu à l'Escurial et au Palais-Neuf; ils vous parleront de la *Perle*, de la *Madona-del-Pesce* et de vingt autres tableaux dont les noms sont d'avance désignés à l'admiration. — Le voyageur admire alors froidement parce qu'il voit avec les yeux d'un autre, et il est content. — Ce sont les gens paresseux qui font ainsi; ils le sont en admiration, en chagrin, en toute émotion; même joyeuse, Dieu me pardonne!

Mais j'avoue que je ne suis pas ainsi, moi; je veux jouir et souffrir d'après moi-même, je veux savoir comment mon ame peut supporter la vue d'une belle chose, et je suis ainsi en bonheur, en plaisir, comme en douleur et en souffrance. — Il y avait donc, lors de mon premier voyage à Madrid, ce beau tableau de Raphaël qui n'avait aucune place, parce que je crois qu'on le voulait graver; c'était le fameux tableau, connu sous le nom de *Pasmo de Sicilia.* Raphaël le peignit à Rome pour l'envoyer en Sicile où il devait être placé dans une église appelée Notre-Dame-des-Douleurs : *Nostra-Signora dello Spasimo*... C'est de là qu'on l'a appelé plus tard en espagnol *lo Pasmo de Sicilia*, sans savoir pourquoi, comme on le voit. Mais en Espagne ils n'y regardent pas de si près en fait de beaux-arts.

Vasari, qui ne dit pas toujours vrai, dit que ce tableau se perdit en mer, mais qu'on le retrouva sans qu'il eût reçu la moindre avarie ; il vint de Sicile en Espagne. C'est, selon moi, le plus bel ouvrage de Raphaël. On lui reproche, avec raison peut-être, de ne pas donner assez de mouvement à ses personnages. Toujours des femmes aux yeux baissés, des enfans qui jouent avec la main de leurs mères ou qui dorment, des visages empruntés au ciel, une divinité toute céleste en effet, mais toujours une même expression, et ce reproche est quelquefois fondé.

Ici, au contraire, tout *est cœur*, tout *est vie*, tout est *mouvement* ; c'est l'action elle-même ;

c'est la Passion que nous voyons devant nous!

Jésus-Christ est représenté accablé sous le poids de sa croix qu'il porte, et gravissant le Calvaire en arrosant la route de sa sueur et de son sang; il est renversé, mais non pas abattu. Sa tête surtout est admirable! c'est le sublime de la divinité! Son œil est enflammé de l'esprit prophétique; c'est l'Homme-Dieu, n'ayant déjà plus rien de son humanité, s'élançant vers le ciel, et prononçant les paroles divines de l'Evangile. La sainte Vierge est à genoux... elle le regarde! Oh! quel œil de mère! quel regard! c'est la mort! c'est le cri d'une ame au dernier degré du désespoir; c'est la Vierge des Sept-Douleurs ayant le cœur traversé de ses sept poignards! Ses yeux sont rouges et gonflés de larmes rares qui tombent sur ses joues enflammées, quoique pâles. Elle ne peut aider son fils, mais ses mains suppliantes, ses yeux qui se portent sur le soldat qui est près d'elle, lui parlent avec l'éloquence de l'ame. Près de Jésus est Madeleine! Ah! quelle admirable figure! quelle femme! Je n'ai vu cette figure que là. — Je n'ai vu que dans ce tableau des yeux qui pleurent, des bouches qui prient [1] !

Mais la lumière du peintre a été toute jetée sur la figure de Jésus ! C'est là qu'il a porté tout

---

[1] Il y a deux têtes qui ont été altérées par une mauvaise restauration : la tête de la Madeleine et celle d'une femme inconnue, à moins que ce ne soit la mère de Jacques l'apôtre. Mais la Vierge est intacte, et, après la figure de Notre-Seigneur, c'est la plus belle du tableau. C'est un Italien nommé *Ruffo* qui a restauré ce tableau, ou plutôt qui l'a gâté, si une pareille œuvre pouvait l'être.

Un jour, on parlait de Raphaël ; une voix s'éleva et dit : Je n'aime pas Raphaël.

Je n'ai pas relevé ce blasphême ; car en fait d'art c'en est un. C'est d'abord ne pas connaître Raphaël ; ce qui n'est pas étonnant, parce que nous n'avons de lui ici que les plus ordinaires de ses tableaux. Les gravures ne donnent pas l'idée, ou plutôt ne donnent que l'idée de ce qu'est un beau tableau. C'est comme un songe effacé. Mais la nature que Raphaël vous met sous les yeux, la gravure ne vous la rend pas.

Ainsi le coloris de l'enfant de la Vierge aux Poissons est inconnu à ceux qui n'ont pas vu le tableau ; et la fameuse perle ! et *lo Spasimo* ! et la Visitation ! et la Vierge à la Crèche, ravissante production, où les rois mages ont l'expression toute orientale, en regard de cette mansuétude de Marie et du sommeil du Sauveur ! Il existe en Espagne plus de vingt Raphaëls plus beaux que les nôtres, à part même les deux ou trois premiers en nom.

son talent. Cette figure est constamment noble et animée... Sa main gauche est surtout d'une expression admirable; elle est appuyée sur une pierre, et les plis de la manche retombent sur la main avec une grâce qui est naturelle et ne voile cette main qu'à moitié pour en laisser apercevoir le sublime affaissement... Dans ce tableau, aucun mouvement, même le plus vulgaire, n'est perdu!... Jésus semble avoir laissé parvenir un rayon de sa divinité au peintre qui devait avoir la gloire de retracer ce sublime instant!... Il faut alors admirer et se taire!... La main droite de Notre-Seigneur retient la croix contre sa poitrine comme pour s'opposer à ce que le soldat qui, ému par les prières de sa mère, vient pour le soulager, ne la lui puisse enlever. Belle et sublime idée, qui n'est pas souvent rendue par les peintres qui ont peint la Passion ! Raphaël l'eut tout entière; il reconnut que, si Jésus-Christ souffrit, c'est que ce fut sa volonté. Tout est sublime dans ce tableau ; l'attitude des soldats, le peuple, tout ce qui est ému l'est véritablement.

Le soldat qui tire Jésus-Christ avec une corde paraît n'avoir d'autre désir que de voir le supplice se terminer plus promptement. L'autre soutient la croix et semble avoir un sentiment de pitié... Le troisième menace Jésus de la lance et paraît n'avoir que de la dureté. C'est en général un accord, un ensemble que je ne puis qu'admirer et recommander à l'admiration des autres, surtout de ceux qui aiment la peinture expressive et celle qui parle à l'ame, et réveille dans la nôtre tous les sentimens qu'on exprime.

Ce que j'ai trouvé dans ce tableau, c'est que le dessin, la couleur, la composition, l'expression ne laissent rien à désirer, même au goût le plus sévère.

Ce tableau me fit une profonde impression! Je n'ai rien vu, en peinture, qui m'ait émue à ce point.

Le palais de Madrid renferme aussi une foule de meubles élégans, et qui aujourd'hui sont d'un prix immense. Philippe V avait fait venir de France, lorsqu'il fit bâtir le Palais-

Neuf en 1740, tous les meubles qui le garnissent. Tout se trouve comme les choses qu'on recherche aujourd'hui : ce sont des meubles de Boule; ce sont des marqueteries, des lustres, des porcelaines, des candélabres en bronze, des meubles en vieux lampas, en satin peint avec des fleurs et en belles étoffes de Chine. Enfin le palais de Madrid était décoré, en 1810, comme nous voudrions qu'on nous arrangeât aujourd'hui une maison, quelque fortune que nous eussions. Les plus beaux marbres de Tortose, de Valence, de Grenade, de Sierra-Nevada, sont prodigués pour l'ornement des appartemens. Ce sont des cheminées, des salles de bains, des oratoires dont la mosaïque est admirable pour le pavé. On sait que l'Espagne est le pays le plus riche de l'Europe dans ce genre de productions [1]. La plupart des belles mosaïques admirées chez les Romains sont faites

---

[1] Et puis dans la révolution on acheta une grande partie des meubles des palais royaux et des hôtels de France, et tout cela passa en Espagne facilement, parce qu'elle fut la première puissance avec laquelle nous fîmes la paix.

avec des matériaux tirés de l'Espagne dont alors ils étaient les maîtres.

Sur la place où est bâti le château, on voit l'Arsenal. On y allait regarder, je ne sais trop pourquoi, avant la guerre, l'armure de François Ier!.... C'est bien de nous!.... Enfin on l'en a ôtée, et je crois bien que maintenant nous n'aurons plus de roi aventureux qui ira jouer sa couronne en véritable insensé contre la fantaisie impertinente d'un empereur haineux et envieux. On y voyait aussi l'armure de Montezuma, avec un masque effroyable qui pendait au casque et avait appartenu, disait-on, à Montezuma. Il y a, au reste, à Paris, dans le cabinet curieux de M. Charles Panckoucke, une armure qui vient de la Nouvelle-Zélande, et à laquelle tient un masque affreux comme celui de Montezuma. Les sauvages se servent de ces masques pour effrayer leurs ennemis. Celui de Madrid était bien dans l'effet.

Le Buen-Retiro est un charmant séjour; il est au milieu du Prado, et le voisinage de cette promenade ajoute un agrément à ceux qu'il possède lui-même. J'allais souvent m'y promener lorsque j'étais à Madrid; et j'avoue que c'était de toutes les promenades celle que j'aimais le mieux. Le palais est à la fois agréable comme habitation et convenable comme magnificence. On l'abandonne entièrement, ce qui montre le mauvais goût des Espagnols sous leurs derniers rois : il y a une seconde nature qui ne peut être détruite facilement chez eux; c'est celle de l'habitude dans le peuple. Il fait aujourd'hui ce qu'il a fait hier, et il le fera encore demain. La révolution de vingt ans qu'il a subie ne lui a donné aucune leçon à cet égard.

Le Retiro est abandonné, et il est même difficile de le réparer, si la reine ne l'a pas déjà fait; mais il faut de l'argent, et ils n'en ont pas.

Il y a de beaux tableaux dans le palais du Retiro; cependant deux seulement m'ont frappée : l'un représentait le fameux auto-da-fé des noces des Charles II; il est de Francisco Rizzi. C'est un homme de peu de talent, mais ici le fait parle de lui-même; il est tout entier dans l'exécution fidèle.

Il représente l'échafaudage élevé sur la place Mayor, en 1680. On voit au fond le balcon du roi; un peu de côté et *au-dessus* de ce balcon on voit le dais de l'inquisiteur-général. Sur le théâtre sont deux cages en fer destinées aux malheureuses victimes pour entendre leur sentence... Un autel, ayant la croix verte à côté et l'étendard de l'inquisition, est dressé pour dire la messe. De nombreux gradins sont chargés de spectateurs, qui sont tous les grands d'Espagne, les ambassadeurs catholiques, les ordres du royaume; enfin tout ce qui peut être là, y est placé pour entendre des cris de désespoir, et Madrid n'a jamais tant renfermé de créatures malheureuses que ce jour infâme où les noces d'une jeune reine furent ensanglantées par la mort de trente-trois infortunés, dont le dernier soupir fut peut-être un cri de malédiction sur son triste avenir !

Ce tableau est mal peint, mais, je le répète, il est admirable par le fait seul de l'action.

L'autre tableau était l'original de la Tentation de saint Antoine par Callot... J'ignore ce qu'il est devenu, mais il était encore dans le palais du Buen-Retiro quand j'ai quitté l'Espagne.

Une curiosité *d'art* et d'intérêt en même temps, ce qui est rare, est encore renfermée dans le Buen-Retiro. C'est ainsi que, malgré son abandon, j'aimais à parcourir ses galeries désertes et solitaires, bien sûre de trouver toujours à satisfaire ma curiosité d'artiste.

La salle où s'assemblent les députés des villes qui ont droit de suffrage aux *Cortès*, était ornée [1] de douze grands tableaux représentant les belles actions qui ont illustré la nation espagnole, et cela dans son beau temps!.. Dom *Fadrique* de Tolède, de la maison d'Albe, prit un château-fort en Flandre, et, passant une rivière à la nage, il conduisit ses troupes contre l'ennemi avec une vaillance remarquable. Ce trait

[1] Je dis *qu'elle était*, parce que j'ignore si depuis que la reine a tout bouleversé à Madrid et dans les *sitios*, elle a ménagé le Buen-Retiro.

est représenté dans un tableau peint par *Félix Castello*. — Une bataille et une victoire remportée par Gonzalve de Cordoue, le siége de Reinfelt, Constance secourue par le duc de Ferra [1], sont trois tableaux de *Vincent Carducho*. — En regard était la prise du Brésil par *Dom Fadrique de Tolède*, de Juan Bautista Mayno... Le siége de Bréda, par le marquis de Leganez et le marquis de Spinola, de José Léonard. — C'est un beau tableau. — Le secours de Valence, par Dom Carlos Colonna, est, dit-on, de Juan de la Corte; mais la tête de Carlos Colonna est attribuée à Dom Diégo Velasquez.

Parmi tous ces tableaux il en est un qui m'a vivement frappée, et j'ajouterai même qu'il m'a touchée!... Comme les arts sont grands quand ils émeuvent l'ame!

---

[1] Je fais remarquer que les tableaux que je cite et que je recommande ne sont ni dans Bourgoing, ni Townsend, ni Laborde, ni beaucoup d'autres; mes remarques sont de *moi*. Je n'aime pas les plumes du paon. Quelquefois sans doute je me rencontrerai avec d'autres qui, ainsi que moi, ont vu l'Espagne; mais je ne les aurai *pas copiés*.

Ce tableau est la reddition de Gênes... Ce fut le marquis de Santa-Cruz qui eut cette gloire... Le tableau est d'*Antonio Pereda*. Toutes les figures ont une expression admirable de vérité, et de vérité convenable. Le marquis de Santa-Cruz reçoit les clefs de la ville des propres mains du doge. La figure de ce dernier est celle d'un vieillard vénérable se soumettant à la mauvaise fortune avec la sérénité d'usage. Le marquis est bien comme doit être un chef victorieux, mais dont le noble caractère est touché de compassion à la vue de ce vieillard respectable qui se soumet à lui. En général, toutes les figures de ce tableau sont peintes avec une telle chaleur de vérité, qu'il paraît positif qu'elles ont été faites d'après nature. — Je dirai la même chose de la plupart des tableaux de cette salle.

Il est encore quelques ouvrages dont on parle peu parce qu'ils imitent une nature morte : ce sont des tableaux de *François Snyders* et de *Jean Tillen*, deux Flamands fort célèbres.

Je ne parle pas d'une foule de tableaux d'un grand prix, tels que des Rubens, des Titien, des Paul Véronèse. Il est probable que d'autres en auront parlé, quoique cela ne soit pas sûr. Je recommande seulement un grand carton de Raphaël représentant la bataille de Constantin contre Maxence, celle où se vit le *Labarum*, et un petit diamant du Parmeggiano représentant les noces de l'enfant Jésus avec sainte Catherine. C'est adorable de grâce et de fraîcheur de coloris! Ces deux objets sont dans la salle appelée *du Despacho*.

Le théâtre du Buen-Retiro était charmant sous Ferdinand VI; Ferdinand venait d'Italie et il aimait le spectacle avec passion. La scène est vaste, les décorations nombreuses et fort belles. Ce théâtre était bien supérieur à tout ce qu'il y avait à Madrid en 1805 et même en 1812.

Les jardins du Buen-Retiro sont agréables et bien plantés. Il y a de l'ombre et de la fraîcheur; mais à l'époque où j'étais à Madrid, ils étaient peu fréquentés quoiqu'à la porte de la ville. Le Prado en est trop près. Comment, avec l'habitude qui existe chez les Espagnols, peut-on exiger d'eux qu'ils aillent au Retiro! C'est impossible. Les jardins du Retiro renferment une statue de Philippe IV, exécutée à Florence par Pierre Tacca. Cette statue est belle, mais cependant l'attitude du cheval est forcée. Il est représenté au moment où il se cabre, de sorte que les deux pieds de derrière supportent tout le poids du corps, et ce poids est de dix-huit mille livres. C'est le grand-duc Ferdinand qui en fit présent à Philippe IV.

En sortant du jardin du Retiro, on entre dans le jardin Saint-Paul, qui renferme trois statues de bronze. La plus digne d'être vue est celle de Charles-Quint, foulant à ses pieds la Révolte enchaînée. C'est après la révolte de Gand que l'empereur fit faire cette statue. Elle est d'une belle exécution, et rien ne fait plus d'effet que cette statue dans ce lieu désert. On est frappé en voyant Charles-Quint fouler aux pieds la Révolte, et la reléguer sur un terrain abandonné, tandis que la Révolte elle-même chassait l'héritier de la couronne de son palais et de ses Etats. Je fis un dessin de ce lieu, ainsi que de la statue, et je l'ai encore dans mon album. Cette statue est belle, et je crois qu'elle serait mieux placée sur l'une des nombreuses places de Madrid.

Ce beau groupe de Charles-Quint est de *Leon Leoni*. Une particularité qu'on est bien aise de savoir, c'est que l'armure de Charles-Quint est composée de pièces rapportées, et qu'on peut les enlever, les remettre à volonté et laisser la figure à nu.

Il y avait aussi deux statues qui n'étaient pas sur leurs piédestaux : celle de Philippe II et celle de la reine Marie d'Angleterre. Celle de Philippe II est mauvaise. J'ignore le nom de l'auteur. On y voit, par un millésime, que Philippe II avait alors vingt-neuf ans : c'est l'âge qu'il avait lorsqu'il était roi d'Angleterre. Il est laid comme toujours. La reine Marie a un livre à la main. Son habit est celui d'une veuve.

Un peu plus loin est une jolie fontaine où

j'allais bien souvent me promener et dessiner à l'ombre. Cette fontaine s'appelle Narcisse : il y a la statue de Narcisse en bronze. Elle est faite sur un modèle antique qui est à Florence ; les bassins sont en marbre noir, et sur une plaque de marbre blanc, qui sert comme de toile à la première coupe, est une inscription que voici :

><small>PHILANTIAM FUGE,
RESPICE ARCAN.
FLOS ES ? CERTO,
CITOQUE PERIS.
FLOREM TE ÆSTIMAS,
NARCISSE ?
CERTIUS, CITIUS-
QUE PERIBIS.</small>

Il y a dans le jardin de Saint-Paul une serre où l'on cultive quelques plantes rares pour le roi et des fruits pour sa table. J'allais souvent herboriser dans le jardin du Buen-Retiro, et j'y trouvais en abondance de cette herbe dont le pape Ganganelli disait au roi régnant, qu'il en fallait faire faire un baume souverain : c'est l'herbe appelée *marum verum*. On y voit aussi une quantité de ces pierres qui viennent d'Italie, et sur lesquelles poussent des champignons excellens et sans aucun principe vénéneux.

Le Retiro, dont je finis ici l'article, renferme encore une foule de fontaines et de bassins. Il y a entre autres un lac de trois cents pieds carrés, où la famille royale de Charles IV allait quelquefois prendre le plaisir de la pêche sur une gondole vénitienne qu'on voyait à l'ancre dans un petit port.

Le Retiro, dans la dernière guerre de 1812, fut un lieu de retraite, une redoute où les Espagnols se défendirent vaillamment.

J'ai déjà dit que l'Espagne était bien riche en tableaux. Les plus remarquables sont dans les églises et dans les couvens. Maintenant encore les églises sont toujours en possession de ces trésors qui ne peuvent avoir de concurrence en Europe. Une seule petite église sur le Prado, celle de San-Pascual, fondée par Don Gaspar Henriquez, amirante de Castille, grand-père de Don Juan de Cabrera, comte de Melgar et duc de Rio-Seco, dont j'ai écrit la vie, pour ainsi dire, dans mon roman de *l'Amirante de Castille*, possède des trésors dans sa petite enceinte enfumée. Un Vandyck, un Paul Véronèse, un Léonard de Vinci, représentant l'enfant Jésus prêt à donner un baiser à saint Jean, tableau rempli de grâces et d'une touche forte et vigoureuse, comme tout ce que fait Léonard de Vinci; un Guerchin, deux l'Espagnolet, dont l'un est le martyre de saint Sébastien, sont renfermés dans cette petite église, à peine grande comme une chapelle. La sacristie de cette église, presque inconnue aux Espagnols eux-mêmes, et qui ne peut être découverte que par des voyageurs curieux de voir et de juger les trésors de peinture que renferme l'Espagne, contient aussi de bien belles choses. Un Titien, un Paul Véronèse, un Guerchin et un Ribeira, sont dans cette sacristie. L'église de Sainte-Isabelle, couvent de religieuses, est d'une forme agréable, et posséderait un beau tableau, si la sotte piété d'une abbesse de ce couvent n'avait pas gâté l'un des plus beaux ouvrages de l'Espagnolet. Le tableau qui est sur le maître-autel représente la Conception de la Vierge; or il paraît que l'Espagnolet avait une fille qui était belle, et que souvent il la prenait pour modèle dans ses tableaux : ce qu'il fit pour celui-ci. Mais les religieuses ayant appris que la tête de la Vierge était d'après un modèle humain, firent refaire la tête par Claude Coelho, peintre portugais dont je parlerai à propos d'un fait curieux qui eut lieu à l'Escurial. Le tableau est tout-à-fait gâté par cette sottise.

Le couvent de la Trinité, dans la rue d'Alcala, avait aussi de beaux tableaux. Son église est peut-être la plus vaste qui soit à Madrid. Le plan en fut fait et exécuté par le meilleur élève de Juan de Herrera, l'architecte qui fit celui de l'Escurial. La sacristie possède un beau morceau posé sur la piscine, morceau de sculpture qui se trouve là on ne sait trop pourquoi : c'est une statue de la Vierge en bronze. Sur l'autel de l'église est aussi une très-belle statue de Notre-Seigneur à la colonne. Elle est attribuée à Gaspar Becerra, auteur de plusieurs beaux ouvrages. Le cloître est beau ; l'escalier, sur le modèle de celui de l'Escurial, est digne d'être vu par un voyageur curieux. L'architecte qui fit exécuter cette dernière partie du couvent s'appelle Alphonse Marcos.

L'église royale de San-Isidro est dans la rue de Tolède. Elle appartenait autrefois aux jésuites, et se nommait alors le collége impérial; mais elle a pris le nom de San-Isidro depuis que les reliques de ce saint y furent transportées, ainsi que celles de sa femme. On sait que san Isidro, l'un des saints les plus vénérés en Espagne, était un laboureur des environs de Madrid. Ses restes étaient, avant qu'on les transportât dans cette église des jésuites, dans une petite chapelle voisine de cette église dont le luxe était étonnant. Le tombeau du saint était orné de quatre colonnes de jaspe, et surmonté d'une couronne de même matière. Les murs de cette petite église, ou plutôt de cette chapelle, sont incrustés des marbres les plus rares, et sa coupoles, ornée de feuillage et de dorures, est d'une forme à la fois élégante et riche qui dédommage bien le visiteur d'avoir cherché, comme je l'ai fait pendant toute une matinée, cette petite chapelle faite et consacrée par Philippe IV, et qui lui coûta, m'a-t-on dit, plus d'un million. Il y a plusieurs statues de saints qui ont illustré la classe des laboureurs, et qui étaient autour du tombeau de san Isidro comme pour lui faire honneur... La façade de l'église des jésuites, dans laquelle on a transporté maintenant le corps de san Isidro, est l'une des plus belles de Madrid.

La paroisse de Saint-André est aussi fort remarquable, et mérite un moment d'attention.

Dans le couvent de *Corpus-Christi,* on voit quelques beaux tableaux.

La paroisse de Saint-Michel, le couvent des Franciscains déchaussés, nommé *San-Gil.* — Il faut voir les portes de ce couvent; elles sont remarquables pour la beauté de leur sculpture;

elles sont anciennes et ornées de beaux bas-reliefs dans le style de Berrugète.

Le collége de Marie d'Aragon fut fondé par doña Maria d'Aragon, dame de la reine, dernière femme de Philippe II, en 1590. C'est une chose à voir, comme monument remarquable, pour avoir été fondé par une femme du monde.

L'église des religieuses bénédictines du Mont-Serrat est encore un endroit qu'il faut visiter pour y admirer un crucifix en bois parfaitement sculpté par Alphonse Caro. — En 1808, il y avait encore dans ce couvent les manuscrits de Don Luis de Salazar, chroniqueur de Castille et auteur d'une très-bonne histoire des Indes [1].

Venait ensuite l'église Saint-Martin, paroisse et monastère. On y voit le tombeau du fameux Don Jorgé Juan, qui fut, avec M. Ulloa, l'un des compagnons de M. de La Condamine

---

[1] Il mourut en 1735. C'était l'homme le plus instruit de son temps en Espagne.

dans son voyage sur la rivière des Amazones. Ce Jorgé Juan fut un savant estimable peu connu, comme tous ceux qui cependant devraient l'être en Espagne ; mais alors l'inquisition étouffait, non-seulement le savoir, mais la plus petite renommée ; et si l'homme ne travaille pas aussi pour la gloire, que lui reste-t-il ? L'intérêt de la science ? Il est bien léger s'il est ignoré de tous. Jorgé Juan a laissé un traité astronomique et de savans écrits sur des questions mathématiques.

C'est dans cette paroisse de Saint-Martin qu'est également enterré le P. Sarmiento, savant bénédictin. La bibliothèque de ce couvent était fort belle, surtout depuis que celle du P. Sarmiento l'avait augmentée de la plus grande partie de ses volumes, ainsi que celle de Quevedo. Quevedo a enrichi ses livres d'une quantité de notes marginales qui en doublent la valeur.

Le couvent de *las Descanzas reales*, fondé par l'infante Doña Juana, mère de Don Sébastien, roi de Portugal, et fille de Charles-Quint, en 1560, est encore un couvent à voir. La porte et les ornemens en sont très-beaux, ainsi que le maître-autel de l'église. Le tombeau de la fondatrice est également digne de curiosité pour la statue de l'infante, exécutée en marbre par *Pompée Leoni*. On lit au-dessous de la statue l'épitaphe suivante ; je l'ai transcrite parce qu'elle est en espagnol, chose peu commune en Espagne, où toutes les épitaphes sont en latin. Et puis il y a, dans celle-ci, une simplicité fastueuse qui m'a frappée.

« Aqui jace la serenísima señora Doña
» Juana de Austria, infanta de España, prin-
» cesa de Portugal, gobernadora de estos
» Reynos, hija del señor imperador Carlos V,
» muger del principe Don Juan de Portugal,
» madre del rey Don Sebastian. Murió de 37
» años dia 7 de setiembre de 1573. »

Une des principales circonstances de cette fondation est d'avoir été faite dans le même lieu où naquit la fondatrice. Les premières religieuses qui habitèrent ce couvent, à ce que me raconta la mère des nonnes, qui me montrait le monastère avec la politesse d'une femme du monde, vinrent de Candie, à la demande et prière de saint François de Borgia. Elles furent déposées quelque temps à Valladolid, et ensuite à Madrid, dans la maison de l'évêque de Placencia, jusqu'à ce que leur couvent fût bâti et orné.

Dans le couvent des religieuses carmélites, il faut voir une magnifique copie de la Transfiguration de Raphaël, par Jules Romain. Je pris la liberté de dire à la religieuse qui m'accompagnait que leur tableau était si mal placé, qu'on ne le voyait pas à moins d'une extrême peine, et après avoir tourné autour pendant une demi-heure pour attraper le jour.

Le couvent de *las Salesas*, autrement de la Visitation, fut fondé par Ferdinand VI. C'est un des beaux couvens de Madrid, et celui qu'il faut visiter pour y admirer de beaux tableaux et une église remarquable. C'est surtout le tombeau de Ferdinand VI, qui est un objet de curiosité. Les restes du roi sont dans une urne de bronze soutenue par deux lions de bronze. Sur cette urne est un bas-relief représentant les beaux-arts, qui furent toujours protégés par le roi Ferdinand VI [1]. Une partie de cette urne est couverte par un drap qui la cache d'un côté; sur ce drap sont deux enfans qui pleurent; l'un d'eux soulève le drap sur lequel il est assis; l'autre tient une épée. Derrière l'urne est une pyramide, sur laquelle est la figure du Temps, qui d'une main soutient la médaille où se voit le portrait du roi, et, de l'autre, le montre aux spectateurs; sur le devant sont deux énormes figures en pied, mais, selon moi, trop grandes, et qui écrasent le tombeau. Au-dessous on lit l'épitaphe du roi, composée par Juan de Iriarte, qui fit aussi celle de la reine Barbara; cette dernière épitaphe fut parodiée par de mauvais plaisans, qui ne voulaient pas approuver les dépenses folles que ce couvent avait coûtées, et l'on fit une épitaphe dont le sens était que la reine Barbara

---

[1] Fils de Philippe V et de la reine Farnèse. Il fut d'abord roi de Naples.

avait fait une œuvre *barbare*, comme son nom et comme son pays...

Ce couvent fut commencé en 1749 et achevé en 1757. On prétend qu'il a coûté des sommes exorbitantes et ridiculement dépensées surtout, ce que je trouve fort juste.

Le cloître de Saint-Philippe le Royal est aussi une chose à visiter comme morceau d'architecture : il fut fait en 1600. C'est dans ce couvent qu'il faut visiter une bibliothèque aussi belle que celle du couvent de Saint-Martin. On y conserve la curieuse cellule du P. Florès, connu par son *España Sagrada*, ouvrage en 29 volumes; il est mort après avoir publié le dernier qui traite de l'église de Barcelone. Le P. Florès a aussi écrit l'histoire des reines d'Espagne, et puis la *Clef historique de la vie de Moralès*, et puis encore une histoire des villes municipales d'Espagne. C'est inimaginable tout ce que cet homme a écrit et publié de son vivant; car on aurait pu faire passer sous son nom, après sa mort, beaucoup d'ouvrages faits dans son couvent par d'autres Pères; mais c'est lui-même qui a publié plus de cinquante volumes...

L'église de Notre-Dame d'Atocha [1] qui eut jadis un si grand renom, et possédait un privilége très-beau, celui de recevoir le serment des rois d'Espagne, n'est qu'une église fort ordinaire; son cloître, dans lequel se faisait la grande cérémonie du couronnement des rois d'Espagne, est un lieu sans aucune magnificence. C'est Philippe V, dernier roi de la monarchie espagnole, qui fut assis sous le dais dans ce cloître pour y recevoir la foi des grands du royaume. La description de cette cérémonie est curieuse dans Ubilla. J'en ai lu les détails à Madrid même, et avant d'aller voir ce qui restait alors des lieux qu'Ubilla a décrits avec une si scrupuleuse exactitude, qu'il faut n'avoir pas le goût de ces sortes de choses pour ne pas s'y retrouver, comme si l'on

---

[1] Notre-Dame du Houx; on l'appelle ainsi parce que la Vierge apparut, dit-on, en ce lieu à un berger qui était auprès d'un buisson de houx.

avait assisté au couronnement de Philippe V [1].

Madrid, étant une ville nouvelle, renferme très-peu de vieux monumens. Le seul qui pouvait avoir quelque intérêt était son Alcazar. — Il fut détruit lorsqu'on construisit le Palais-Neuf. Ce manque de vieux édifices est une grande pauvreté pour une ville aussi considérable que Madrid. C'est toute l'histoire d'une nation que ses monumens; c'est dans eux, c'est sur leurs vieux murs qu'on lit les événemens qui se sont succédé dans le pays. Que ne voyons-nous pas en passant devant le vieux Louvre, devant la Sainte-Chapelle, le Palais-de-Justice, une foule de vieux bâtimens enfin, dont les pierres racontent les temps passés! Et Florence!.. on se retrouve au milieu de ses querelles du moyen-âge, parmi les Guelfes et les Gibelins, lorsqu'on passe le long des murailles grises de ses vieux palais, où l'on voit encore les anneaux de fer servant à tendre les

---

[1] Ces détails sont admirablement décrits dans le *Diario* d'Ubilla, et dans les Mémoires du marquis de Louville.

chaînes qui formaient les barricades. A Londres, que ne vous dit pas la Tour, lorsqu'une barque passe silencieusement même au bas de ses murailles!... Fontainebleau rappelle la tragique histoire de Monaldeschi!... L'Escurial lui-même, quoique d'une date qui n'est pas fort ancienne, prouve, par la force des souvenirs qu'il retrace, combien leur magie est puissante sur l'esprit de l'homme. Mais Madrid, si l'on en excepte quelques couvens, qui ne datent encore que de la fin du seizième siècle, ne possède aucun monument gothique, qui rappelle une victoire ou bien une défaite, une conquête ou bien un meurtre. Madrid n'a donc de curieux que sa promenade du *Prado;* voilà le seul souvenir que l'on puisse retrouver dans cette ville toute moderne. Le Buen-Retiro dont j'ai parlé appartenait jadis au duc d'Olivarès, qui y faisait élever des poules d'une espèce rare. Le roi Philippe III en eut envie, et le ministre le lui offrit; on l'appelait alors *la Gallineria.*

Une remarque à faire, c'est qu'avant la dernière révolution, en 1808 enfin, Madrid n'avait pas encore le titre de ville. Elle avait été, jusqu'à Philippe II, regardée comme *bourg*, et depuis la chose était demeurée ainsi. Je ne sais si, depuis la constitution de 1820, elle est réintégrée dans la catégorie des villes. Pour la capitale de l'Espagne c'est bien le moins.

La Poste aux lettres est un beau monument de la ville de Madrid. On raconte de ce monument ce qu'on dit d'une foule de palais et de maisons. On prétend que l'édifice était déjà bien avancé lorsque l'on s'aperçut qu'on avait oublié l'escalier. Je l'ai entendu dire d'une foule de maisons que je connais [1]. Quant à la Poste aux lettres de Madrid, je ne sais pas si l'escalier a été fait avant ou après; ce que je sais, c'est que ce monument est l'ornement de la Plaza del Sol, qui elle-même est une fort belle chose. Huit belles et larges rues viennent

---

[1] Je n'ai connu, à Paris, que deux maisons où cet accident soit arrivé : l'une est le palais du cardinal Fesch ; l'autre l'hôtel de la maréchale Davoust, rue Saint-Dominique, aujourd'hui occupé par l'ambassade d'Autriche.

aboutir à cette place. Le soir, lorsque ces rues sont éclairées, le coup-d'œil en est fort beau.

Tous les historiens, au reste, ne veulent pas convenir que Madrid ne date que de peu de siècles. Quintana prétend, lui, que les anciens l'estimaient fort, et qu'alors elle était célèbre sous le nom de *Mantua Carpetana;* mais, comme il est le seul à le dire, on est peu de son avis, surtout lorsque rien ne vient le fortifier comme preuve.

Il y a peu de ce qu'on appelle en Italie, avec raison, des palais. Ce sont de belles maisons, mais sans ces portiques, ces péristyles, ces grandes avenues qui constituent le palais, et le classent autrement que dans les maisons. Le palais d'Albe, qui était commencé depuis des années, sans être fini, rue d'Alcala, au coin du Prado; le palais d'Albe n'était qu'une maison immense, avec des milliers de fenêtres, et voilà tout, mais sans ordre d'architecture. En Italie vous trouvez, dans l'une des plus petites villes, un vieux palais qui vous raconte une légende historique ou particulière. En Espagne vous ne trouvez, si ce n'est à Grenade, ni palais ni château; c'est une particularité assez étrange. Il existe pourtant de belles maisons, telles que celles du duc de Médina-Cœli, celle du duc de Berwick, celle du duc d'Ossuna; mais tout cela n'est pas un palais. Il n'en existe pas un enfin dans tout Madrid, ni même dans Tolède, qui fut pendant long-temps le séjour de la cour. Burgos et Valladolid n'en ont pas davantage, et partout il n'y a que des maisons.

Avant la révolution d'Espagne (je parle de la première), les grands, connus par leur goût pour les arts, étaient le duc de l'Infantado, le duc d'Ossuna, le duc de Berwick, le duc de Médina-Cœli, le duc de Médina-Sidonia. La plus belle collection était celle du duc de Médina-Cœli. Il était, comme on le sait, le plus grand seigneur de la cour d'Espagne, par sa naissance. Il descendait en ligne directe des rois de Castille, et prétendait avoir plus de droits à régner que les princes de la maison de Bourbon ; aussi ne voulait-il pas perdre *ce droit*, et, chaque fois qu'il mourait un roi, il protestait contre l'avènement de son successeur ; puis il allait revêtir son habit de cérémonie et de deuil pour prêter son serment de fidélité au nouveau souverain.

Les amusemens sont nuls en Espagne, comme rapports de société. L'habitation prolongée des Français dans la Péninsule, un roi français qui, bien qu'il leur fût imposé, a cependant beaucoup influé sur les mœurs des Espagnols, tout ce qui s'est passé depuis vingt ans en Espagne aurait dû changer, ou tout au moins modifier beaucoup de leurs coutumes anciennes. Toutefois, je ne crois pas que le goût de la sociabilité leur vienne jamais ; ce n'est pas dans leur caractère. Je ne crois pas non plus qu'ils prennent jamais le goût de la campagne ; il faudrait une révolution générale, et celle-là ne peut venir que du temps et de la conviction qu'un grand seigneur, dans ses terres, triplerait la valeur de ses propriétés abandonnées à des régisseurs cupides et voleurs. Il faut ensuite détruire la *mesta*. La constitution l'a bien détruite par la loi ; mais qu'est-ce que la loi à côté de ce qui est enraciné par l'habitude de plusieurs siècles, de ce qui flatte les passions d'une grande partie de la nation? Comme ce n'est pas la masse, il est certain que celle-ci sera victorieuse, mais après une longue lutte, et non pas sans des torrens de sang versés pour cette cause.

La *mesta* est un fléau qui s'opposait et s'oppose encore, en Espagne, à toute agriculture, à toute amélioration. Le duc de Valmy, qui fut gouverneur de Valladolid et d'une partie du royaume de Léon, ainsi que des Asturies, me racontait des ravages de la mesta, qu'on ne peut croire quand on ne les a pas vus sur les lieux ; et moi-même j'ai pu juger des effets désastreux de cette funeste coutume.

La mesta est une preuve des plus terribles pour certifier de toute l'horreur du pouvoir arbitraire. La mesta était une association formée par les plus *riches propriétaires*, les *monastères*, les grands d'Espagne, les *nobles*, les *titulados*, enfin tous ceux qui possédaient de nombreux troupeaux. Ces troupeaux étaient confiés à des bergers intelligens, et formaient une troupe de douze ou quinze mille têtes *broutantes* et *ravageantes*. Ils parcouraient l'Espagne en tous sens, au nombre de sept millions au moins. Je connaissais un troupeau de quarante mille bêtes seulement pour une seule personne; et il y en a qui possédaient plus de soixante-dix mille têtes de menu bétail, c'est-à-dire de *mérinos*, comme nous les appelons en France. C'est le plus odieux des priviléges : il y a dans son exercice une de ces tyrannies aveugles qui amènent la chute des empires. La mesta a fait, en Espagne, plus de ravages que l'armée française n'en a fait, sans aucun doute, depuis 1808 jusqu'en 1814.

Ce qu'on appelle un *parc* contient habituellement dix mille brebis : son administration est confiée à un chef nommé *mayoral;* il a sous ses ordres cinquante bergers et un nombre égal de chiens; il a par an quinze cents francs de notre monnaie et un cheval. On donne aux chiens une ration de pain de deux livres par jour. Je fus frappée de l'ordre de ces colonies ambulantes : j'en rencontrai lorsque je traversai moi-même l'Estremadure, et, comme mes mules allaient fort lentement, je pouvais marcher à côté du berger-chef. Je causai beaucoup avec le mayoral, qui voyageait tranquillement avec ses bêtes, et les suivait au milieu de ces déserts parfumés qu'elles parcouraient en broutant les herbes aromatiques qui embaumaient l'air. J'ai donc pu observer les mœurs et les habitudes de ces *mérinos transhumantes*, ainsi qu'on nomme les brebis voyageuses en Espagne. Elles sont fort estimées, et beaucoup plus que les brebis sédentaires, qui couchent à couvert et ne se promènent pas.

Les brebis voyageuses passent l'été dans les montagnes de la Manche, de l'Estremadure et de l'Andalousie. On les voit ensuite gagner le midi pour avoir une température plus douce pendant l'hiver. Ces promenades continuelles sont la cause de la perte de l'agriculture en Espagne. Comment veut-on qu'un paysan ensemence son champ pour le voir ravager par une invasion de deux ou trois mille bêtes qui viennent brouter son blé en herbe? Les lois de la mesta, faites par les propriétaires eux-mêmes, étaient cependant protectrices en apparence pour les paysans. Mais comment suivre le mayoral et les bergers dans les landes de l'Estremadure, lorsque les moutons sont abandonnés par milliers sur une surface qui n'a pas elle-même de limites positives! Irez-vous ordonner à une brebis de ne pas dépasser le champ de Pedro ou celui de Juan?... C'est une dérision cruelle même que ces lois apparentes ; le paysan espagnol l'a bien compris ainsi et il a répondu dans le même langage. Il a abandonné la terre qu'on ne voulait pas protéger, et comme il fallait qu'il mangeât, comme il fallait qu'il se vêtît ainsi que sa femme et ses enfans, qu'a-t-il fait? Il est devenu contrebandier; il a organisé une troupe, et le même village a vu souvent émigrer ainsi vingt de ses plus robustes agriculteurs, qui, renonçant à obtenir une seule récolte, ont laissé les champs de leurs pères libres pour les *transhumantes*.

Voilà ce que me raconta, les yeux remplis de larmes, un fermier des environs de Merida. Cet homme avait été en Flandre; il y avait pris le goût de l'agriculture. Il connaissait la bonté du sol de son pays et la fertilité des bords de la Guadiana : cet homme fit des projets qui devaient réussir. Mais que devint-il lorsque, tous les ans, il vit ravager sa récolte en espérance? Quelle que fût la nature de ce qu'il ensemençait, tout était détruit. Il parcourut le code de la mesta; il y vit que les propriétaires n'avaient pas le droit de venir dans son champ. Il y était dit que les brebis pouvaient paître sur le bord des chemins et jusqu'à une certaine distance dans l'intérieur du pays qu'elles parcouraient; mais il existait en même temps une loi qui empêchait tout propriétaire de clore son champ dans les terres que les brebis devaient traverser. On sait qu'en Angleterre la clôture est le plus grand moyen de prospérité et l'une des ressources de l'agriculture. Dans la Normandie, nous l'employons aussi avec un grand succès. Cette défense avait donc été surtout fatale à cet honnête agriculteur de Merida. En trois ans, cet homme s'était vu ruiné. — Je repassai par Merida quelques années plus tard, à l'époque de la guerre, et j'appris que cet homme avait été un de premiers à quitter le pays et à s'en aller avec les insurgés. Je le crois bien; que lui restait-il à défendre? un champ inculte, une masure sans portes et sans fenêtres, parce que cette maison, originairement construite comme une ferme flamande, avait été, en raison de son isolement, attaquée par les bergers voyageurs qui l'avaient envahie presque de force. Le paysan était allé lui-même à Madrid pour porter plainte au comte de Campo-Alange à qui appartenait le troupeau qui ravageait ainsi ses propriétés. Le comte était un homme tout en Dieu, mais qui ne voulut jamais entendre raison et rendre justice à ce paysan, qui pourtant ne demandait que l'exécution d'une loi.... Son histoire, au reste, était celle de bien d'autres! Voilà pourquoi les provinces Vascongades se séparaient et se séparent encore de la constitution générale. On a bien aboli la mesta, mais les troupeaux voyageurs le sont-ils? Non, sans doute. Le fléau demeure donc toujours dans son affreux résultat... Que peut-on y faire? Détruire totalement les troupeaux en Espagne? Je ne pense pas que ce moyen extrême soit nécessaire; il faut de la fermeté et la permission à chaque paysan de clore sa propriété. Cette seule mesure de sûreté personnelle sauverait tout.

J'ai déjà dit que j'avais étudié les coutumes de cette partie de la population d'Espagne, et je l'ai fait avec une extrême attention. Je me suis trouvée voyageant en même temps qu'un *parc* [1], et cela à plusieurs reprises, pendant mes différens voyages en Espagne. J'ai suivi le traitement des brebis par les bergers espagnols, et, de retour en France, j'ai remarqué avec un grand intérêt, en Bourgogne, comment quel-

---

[1] On appelle ainsi un troupeau de *transhumantes*.

ques propriétaires gouvernaient leurs troupeaux ; la différence dans les soins, dans *la cure* est extrême. Je crois que nous obtiendrions de grands résultats si nous allions en Espagne ; mais en France, malgré les médailles d'or, les encouragemens ; malgré les discours des propriétaires qui crient bien haut que leur laine est aussi belle si elle n'est pas plus belle que celle d'Espagne ; malgré tout ce bruit, je soutiens que la laine crottée, huileuse, sale et même dégoûtante, avec la vilaine odeur de *suin* des brebis espagnoles, est encore préférable dans sa moins belle partie, que les nôtres dans leur perfection. Cela tient-il à l'air, à l'eau, à la nourriture ? Cela est possible, cela est même certain. Comment même la chose ne serait-elle pas ? Voilà ce que j'ai vu faire à quelques troupeaux dans l'Estremadure, sur le penchant du *Miriavete*, montagne dans le milieu de la province à peu près, et pas bien éloignée de Truxillo. Il y a autour de cette montagne des landes immenses couvertes de plantes aromatiques, de bruyères, de mousses, de lichens parfumés, de prairies admirables dans lesquelles les *transhumantes* prenaient leur repas le mieux du monde sous les yeux de leurs bergers. C'était au mois de septembre ; les prairies étaient alors couvertes pour un moment du *crocus*, ce safran sauvage, dont les pistils d'or se détachent étincelans sur leurs pétales violets. Les brebis broutaient cette belle fleur, tandis que leurs bergers les soumettaient à une opération qui en apparence est vraiment hideuse, mais qui, disent-ils, est d'une absolue nécessité pour rendre la laine soyeuse, fine et belle : c'est de prendre une certaine dose de terre d'Almagro [1] ; il la délayent dans de l'eau, puis ils en frottent leurs brebis. Cette opération a pour objet de les défendre, disent quelques bergers, du froid de l'hiver ; mais d'autres plus instruits m'ont affirmé que cette opération leur était commandée par leur maître, comme un absorbant qui s'empare d'une partie de la transpiration de l'animal, et l'empêchant ainsi de four-

[1] Terre fine et rougeâtre ; on en met dans le *tabac d'Espagne*, mais pour cela elle est préparée par plusieurs procédés.

nir trop de suin à la laine, lui conserve sa finesse.

A la fin de septembre, les troupeaux reprennent leurs quartiers d'hiver. C'est ainsi qu'ils font leurs différens voyages.

L'époque de la tonte des brebis est encore une époque intéressante. On sait ce que donne chaque bête; et le moment où le maître vient inspecter ses subordonnés est en général celui des récompenses et des grâces, si le poids de la laine excède celui qu'on attendait. Je me suis trouvée au milieu de la tonte d'une des divisions du comte de Campo-Alange : l'intendant était chargé de distribuer une somme d'argent assez considérable aux chefs principaux des bergers, parce que les agneaux avaient été en si grand nombre, que le troupeau avait augmenté du tiers. Ce qui est désagréable, lorsqu'on se trouve près d'un troupeau qui va subir la tonte, c'est l'odeur affreuse qu'il répand. Les bergers enferment ordinairement les brebis dans un lieu très-resserré, afin de provoquer la sueur, pour que la laine soit plus souple et moins dure à couper. Il s'exhale de cette sorte d'étable une odeur infecte, qui vous pourchasse, quelque parfum que vous mettiez sur vous.

Il existe une différence de prix comme une différence de beauté entre la laine des troupeaux voyageurs et celle des troupeaux sédentaires. La différence du prix est, par exemple, dans cette proportion : la laine des brebis *transhumantes* est de 120 réaux l'arrobe [1], et celle des brebis sédentaires est de 48 à 50. C'est une différence facile à saisir, car elle existe dans le plus ou moins de finesse et de souplesse de la laine.

Tel est le malheur de l'Espagne, que tout ce qui pouvait faire sa prospérité fait au contraire son malheur. Si l'on veut étudier la vie morale de son ancien gouvernement, comme la marche de ses actes et de ses actions, on trouvera la preuve de cette vérité. L'Espagne a causé elle-même sa ruine; Dieu veuille qu'elle ne soit pas irréparable!...

[1] Seize de nos kilogrammes.

Je ne sais pourquoi de la société espagnole nous en sommes venus à la mesta? C'est, je crois, en parlant de la campagne.

C'est encore là une vérité : jamais les Espagnols n'aimeront la campagne; ils y auraient même de belles habitations, qu'ils ne les occuperaient pas. Je n'ai vu, dans toutes les parties de l'Espagne que j'ai parcourues avec attention, qu'une seule maison de campagne : c'était une jolie *villa* toute moderne, à peine plantée, près de Madrid, appartenant à la duchesse d'Ossuna; on l'appelait *l'Alameda*. Le général Belliard l'occupait pendant la guerre de 1808 à 1814. La duchesse avait habité la France. Ses enfans avaient eu Gardel pour maître de danse. Sa maison était meublée avec des meubles de Paris, des bronzes de Galle, des meubles de Boulard, des étoffes de Levacher et de Nourtier. La maison de sa belle-fille, la jeune marquise de Peñafiel, duchesse de Beaufort, était un temple d'élégance et de bon goût, où l'on trouvait une charmante jeune femme, polie, douce et gracieuse : je l'ai vue avec un grand plaisir; sa maison était l'une des plus élégantes de Madrid. Celle de la belle marquise de Santa-Cruz l'était aussi, et cette dernière possédait même un avantage que n'avait pas l'autre : une vue admirable. J'allais plus souvent voir la duchesse d'Ossuna qu'aucune autre dame de Madrid; elle avait de l'originalité, de l'esprit; elle disait tout ce qui lui passait dans la tête, et Dieu sait ce qui s'y passait!... Elle avait été fort liée avec la fameuse duchesse d'Albe. Son portrait était chez elle, et montrait ce qu'était cette femme altière et plus que méchante peut-être! Quant à la duchesse d'Ossuna, elle était bonne personne même, et ne disait jamais de mal des autres femmes, à moins qu'on ne la vînt chercher; mais alors on la trouvait. Elle était, du reste, fort amusante. Son fils dansait comme M. de Trénitz; et à cette époque ce n'était pas un petit compliment à lui faire. Je dansai la gavotte de Vestris avec lui et lui appris celle de la Dansomanie, qui m'avait été dédiée. Il était déjà replet et court, comme sont souvent les Espagnols, quoique jeunes. Cette famille d'Ossuna avait une singulière particularité attachée à elle : la duchesse avait quatre enfans ; trois étaient blonds comme des enfans anglais : c'étaient le garçon et les deux plus jeunes sœurs; la marquise de Santa-Cruz [1] et la jeune Manuelita, qui est aujourd'hui duchesse d'Abrantès. Le marquis de Peñafiel était plus blond que ses sœurs. La marquise de Camarassa était brune; c'était la seule parmi les enfans de la duchesse d'Ossuna.

La duchesse d'Ossuna me donna une fête charmante à sa campagne de *l'Alameda*, près de Madrid, lorsque je revins de Portugal, après mon ambassade. Cette fête, qui commença le matin par un magnifique déjeuner, et se termina le soir par un bal, fut vraiment ordonnée comme le serait une fête donnée par une personne élégante de Paris. Il y avait l'élite de la société de Madrid et beaucoup de jolies femmes. L'une des plus remarquables

[1] Elle a l'une des premières places de la cour d'Espagne. Elle est, je crois, gouvernante de la petite reine.

était madame Carujo, la mère de madame la comtesse Merlin. Madame Carujo était belle, et d'une beauté qui frappait d'admiration. Sa fille me la rappelle dans beaucoup de momens. Je la retrouvai surtout, il y a quelque temps, aux Bouffons, un jour où madame Merlin avait un chapeau avec des plumes, coiffure que j'avais vue à madame Carujo dans un bal que me donna l'ambassadeur de Hollande, M. Manners, l'un des amis les plus intimes de madame Carujo, et que j'ai été étonnée de ne pas retrouver dans les Souvenirs de sa fille. Madame Carujo était si belle ce soir-là, qu'écrivant à Paris le lendemain de cette fête, je parlai beaucoup plus de madame Carujo que de la fête, qui était pourtant fort belle.

Madame Carujo était nièce de M. le général O'Farril, cet homme si excellent, que nous avons vu ici à Paris, lors de l'exil presque général que subirent tous les bons Espagnols. Le général O'Farril était un de ces hommes que les nations sont trop heureuses de produire; et pourtant, telle est leur ingratitude que, lorsque ces hommes font une noble profession de foi et refusent d'entrer dans de mauvaises voies, nous méconnaissons leurs services passés, et nous ne voyons que la lutte qui s'engage entre eux et nous. Le général O'Farril fit un triste apprentissage de l'ingratitude des nations, et il mourut à Paris dans la douleur de l'exil.

Madame la comtesse Merlin est une personne charmante, qui a tenu tout ce qu'elle promettait étant encore toute jeune fille. Je me trouvais à Madrid lorsqu'elle arriva de la Havane et qu'elle revit sa mère; événement de sa vie qu'elle raconte avec l'ingénuité touchante du cœur, dans ses douze premières années. Ce moment est décrit par elle avec un charme que j'ai senti, car j'aimais ma mère comme elle aimait la sienne; ma mère était belle comme la sienne, et mon ame sent aussi comme son ame. J'ai donc compris tout ce qu'elle avait senti! et cette jalousie du cœur, si facile à éveiller, cette méfiance inquiète, cette crainte de n'être pas assez aimée d'une mère qui ne l'avait pas vue depuis son enfance! toutes ces sensations sont décrites à merveille, et seront toujours comprises par les ames qui savent aimer... J'ai lu avec plaisir cette relation des douze premières années de madame Merlin. Depuis, je l'ai relue dans un ouvrage plus étendu, que j'avoue que j'aurais voulu voir plus capital. Madame Merlin, avec ce qu'elle a vu, avec l'art de l'esprit et le jugement du cœur, aurait pu donner des détails intéressans sans dévoiler des secrets; c'était presqu'un devoir pour elle de parler de sa belle patrie pour la venger de plusieurs faits mal connus; elle a été témoin de grands événemens, sans donner son avis sur de si graves matières. Si elle répugne enfin comme femme à se mettre dans une arène qui souvent, je le sais, est empoisonnée par l'esprit de parti, pourquoi n'être pas seulement peintre fidèle? Son pinceau eût été habile, j'en réponds. J'ai vu dans plusieurs endroits de ses ouvrages une touche ferme et sévère, et dans les mêmes pages elle est gracieuse et toute de sentiment... Pourquoi donc ne serait-elle pas la *madame de Motteville* de son temps et de sa patrie ? Je voudrais pouvoir l'y déterminer, j'aurais la gloire de l'avoir devinée.

Madame Merlin a toute la vivacité d'esprit d'une Espagnole, avec la nonchalance d'une créole. Elle ignore sans doute elle-même à quel point cela donne du charme à sa conversation et à ce qu'elle écrit ! Je crois qu'elle l'ignore, parce qu'elle a un extrême naturel, ce qu'elle n'aurait pas si elle connaissait ses avantages [1]. Je crois que madame Merlin aime les arts; elle les cultive du moins avec un succès qui est un garant assuré que, si elle voulait parler des arts tels qu'ils sont, même aujourd'hui, dans sa belle patrie, madame la comtesse Merlin le ferait avec un vrai talent. — Je voudrais que sa belle voix nous décrivît l'histoire de cette musique arabe, qui a laissé à

[1] Nous avons, madame Merlin et moi, des amis qui forment entre nous une sorte de lien invisible. Je sais par eux combien elle est bonne! Cela ne m'a pas étonnée lorsque je l'ai appris; je l'avais jugée aussi bonne que belle.

21*

l'Espagne les *boleros* et les *fandangos*, et bien d'autres airs qui ne sont pas connus en France. Ce serait un travail digne d'elle... Je voudrais bien connaître comment s'est formée cette musique si originale. Est-ce l'Espagne qui l'a donnée aux Maures? sont-ce les Maures qui l'ont apportée d'Afrique? C'est un point à éclaircir, et un travail qui serait digne de madame la comtesse Merlin, qui n'a pas déposé la lyre de la muse chantante en prenant celle de la muse poétique. Elle saurait nous dire comment sa patrie est la nation la plus harmonieusement musicale de l'Europe [1], et sa voix, plus qu'aucune

---

[1] Et cela sans qu'on puisse le contester. J'ai parcouru toute l'Europe méridionale; je n'ai vu nulle part ce que j'ai vu en Espagne, surtout avant la guerre de 1808. C'était cet amour de la musique et de la danse qu'on trouvait dans le dernier village de la Péninsule, et cela, à toute heure et toujours. La guitare, les castagnettes et le chant, voilà ce que vous trouviez dans les villes, les villages et devant la porte de la plus misérable *venta*, si la maison renfermait le nombre d'habitans nécessaire pour danser un boléro, tandis qu'un troisième jouait et chantait une *seguidilla*. Je n'ai vu nulle part un sentiment aussi général pour la musique et la danse.

autre, est digne de le dévoiler. Je voudrais, je le répète, lui donner le goût de ce travail. Il serait reçu de l'Europe avec intérêt. Où les boleros ne sont-ils pas connus et appréciés? où donc n'est pas connu le chant du *contrabandista* [1]! et les *modiñas* portugaises! et les *tiranas*, une foule de chansons plus originales les unes que les autres, et que madame Merlin sait si bien chanter!... Combien j'aurais encore plus de plaisir à les entendre si je connaissais leur origine!... Il dépendrait d'elle de le faire, ce serait un glorieux travail.

La danse espagnole n'est pas connue non plus. Nous savons bien qu'on danse le fandango ; mais que savons-nous autre chose? Est-ce encore une danse espagnole ou bien une danse des Maures? Je croirais qu'elle vient des Arabes. Cette multitude d'attitudes expressives n'appartient qu'à des femmes dansant devant un maître dont elles veulent conquérir l'amour... Le fandango, dansé comme il doit

---

[1] Yo que soy contrabandista.... ah! ah! ah!...

l'être, est une danse à laquelle une jeune fille ne peut assister. On ne le danse pas dans un salon, et je ne crois pas qu'on l'y ait jamais dansé.

Je ne sais où j'ai lu que l'histoire d'un peuple était dans sa musique et dans ses divertissemens. Je ne crois pas que cela soit exactement vrai ; mais je le crois juste jusqu'à un certain point, car dans les goûts d'un peuple on trouve l'expression de ses sentimens. Sans doute ce jugement n'est pas sans appel. Mais il y a beaucoup du caractère de l'homme dans ses divertissemens.

Les Espagnols ont tous et naturellement l'oreille extrêmement juste et délicate ; ils sont surtout très-enthousiastes de musique. Le genre de la leur est pathétique et d'une grande expression. Jamais je n'ai vu rien de plus gai qu'un bal arrangé à l'improviste dans une famille espagnole. L'une prend les castagnettes, l'autre prend la guitare, une troisième un tambour de basque, et voilà l'orchestre. Une des jeunes filles et un des garçons se mettent au milieu de la chambre, et voilà le bal. Mais ce qui est curieux à voir, c'est le public!.... tout cela danse sans sauter; les spectateurs sont là, les yeux attachés sur les danseurs; ils ne quittent pas leurs mouvemens une seule minute. Leurs pieds à eux-mêmes s'agitent quoiqu'ils soient assis. Un mouvement général, un murmure cadencé circule dans cette chambre où une minute avant régnait le silence et même l'ennui. Bientôt les coups de talon répétés, ménagés et rapides tour à tour, avec lesquels les danseurs marquent la mesure, sont plus fréquens, la musique prend un mouvement plus précipité, les deux danseurs se rapprochent, s'éloignent, se cherchent, s'évitent; c'est tout un drame qu'un bolero; c'est un drame presque dangereux s'il est dansé comme l'a décrit, par exemple, le docteur Marti dans un morceau écrit en latin; car le docteur a jugé que les expressions devaient être trop fortes... Il y a dans cette description, au reste, tout le feu, toute l'expression dont les danseurs font usage. — Le bolero dansé comme je l'ai vu danser en Espagne est en vérité une délicieuse chose. Nous avons eu ici l'année dernière des danseurs espagnols assez bons, mais ce n'est pas cela encore, et des Espagnols à qui j'en ai parlé étaient bien de mon avis. Il en est, au reste, de la danse et de la musique espagnoles comme de plusieurs choses qu'on ne peut imiter hors du pays; il faut que le pays lui-même donne son air de feu et de parfum à cette danse, qui n'est autre chose qu'une conversation muette dans laquelle se révèlent non-seulement des sentimens, mais des sensations.

Peu d'étrangers peuvent chanter les *seguidillas*. Les inflexions monotones paraissent seules se faire entendre avec eux. Mais que ce soit un Espagnol qui chante cette même seguidilla, et vous êtes ravi!... C'est également comme le bolero. Je connais une femme à Paris qui avait la rage de danser le bolero lorsqu'elle était demoiselle, parce qu'elle l'avait vu danser dans les *Noces de Gamache*, à l'Opéra; et là même on ne savait pas ce que c'était que le bolero. — Cette personne croyait que pirouetter c'était le bolero, et elle pirouettait comme un tonton. Je ne la nomme pas. Tout le monde se la rappellera ; heureusement qu'elle ne danse plus, c'est-à-dire malheureusement, car lorsque j'étais triste elle me faisait bien rire...

Le bolero et le fandango ne se dansent plus dans les salons espagnols. Je ne crois même pas qu'on les y ait jamais dansés. — On dansait des pas sérieux, comme *el Pié del Gibao, el Rey sobrino, el Rey don Morso*, et une foule d'autres danses qui étaient du genre grave. Il y avait encore la sarabande qui était une des plus belles danses mises en action sur le théâtre à demi sérieux, où les femmes se montraient comme Louis XIV le faisait avant que Racine lui donnât une leçon dans *Britannicus* [1]. Mais depuis Philippe V, les femmes ne dansent plus que des menuets, et à présent des contredanses. Je ne crois pas que la valse ait pris faveur en

---

[1] Il excelle à conduire un char dans la carrière,
A se donner lui-même en spectacle aux Romains.

Espagne comme en France. J'ai fait valser chez moi ; les femmes aimaient la valse, mais les hommes n'en voulaient pas. Il y eut même une sorte de scène chez le duc de Valmy à un bal qu'il me donna à mon arrivée à Valladolid.
— Un certain *demi-monsieur*, nommé Lope de la Alcudia, se prétendait parent du prince de la Paix, prétention d'autant plus bête que le nom de la Alcudia est un nom donné par le roi au prince de la Paix. Cet homme, fort sot de sa nature, avait une sœur qui était assez jolie et pas mal gaie de son humeur. Don Lope ne l'était pas du tout ; il était même revêche, surtout vis-à-vis des Français. Sa sœur valsait horriblement mal ; mais elle était jolie, et tous les officiers de l'état-major de l'armée ne demandaient pas mieux que de lui apprendre à tourner. Il y avait un capitaine de dragons du régiment de M. Piquet, ce colonel qui avait épousé une Espagnole plus vieille que lui parce qu'il la croyait riche, tandis qu'elle n'avait rien. Cet officier qui était amoureux voulut donc apprendre à la sœur de Don

Lope à danser. Probablement que la leçon déplut à cet homme; il fit d'abord une sorte de querelle à sa sœur, et lui défendit de danser davantage. Défendre de danser à une Espagnole, c'est lui défendre de vivre, surtout quand elle est dans un bal où d'autres femmes dansent... La sœur du monsieur ne tint donc aucun compte de la défense, et la valse suivante, au grand bonheur de tous les assistans, nous la vîmes partir avec le capitaine de dragons... Elle dansait comme ces dindons qu'on met sur une tôle rouge. C'était une comédie burlesque que ces deux bonnes gens se faisant l'amour dans cette leçon de valse donnée elle-même par un homme qui dansait comme un maître de danse de province. Je ne sais si la valse déplut au frère, ou s'il entendit les éclats de rire de l'assemblée; mais il s'élança brutalement sur sa pauvre sœur, et l'enlevant comme une plume du bras de son danseur, il alla du même temps la replacer sur sa banquette à côté de la marquise d'Arrabaca, intendante de Valladolid et autre type vraiment comique que Dieu nous avait donné dans sa bonté pour égayer nos ennuis à Valladolid. L'officier de dragons, tout désappointé et demeuré seul, voulait ensuite aller chercher querelle au frère mal-appris. Mais le duc de Valmy lui défendit de poursuivre cette affaire; on n'avait déjà que trop de motifs de trouble et de désunion sans aller chercher querelle pour une raison aussi puérile.

Une charmante personne que nous avions à Valladolid, c'était la fille de la comtesse de Valoria. La comtesse de Valoria était sœur du duc del Parque, qui alors commandait les troupes espagnoles. Cela n'empêchait pas sa sœur et sa nièce de venir à nos bals et d'y apporter le plaisir qui accompagne toujours une femme jeune et jolie lorsqu'elle est d'une humeur agréable et qu'elle partage la joie qu'elle apporte; alors une femme est doublement bien accueillie dans une fête. Il en était ainsi de la jeune comtesse de Valoria : elle était fraîche comme une rose, et gaie comme une Hébé. Je n'ai vu qu'à elle, en Espagne, cette fraîcheur *rosée* sur une peau de satin. Rien de ravissant comme son visage. Elle était à la fois une Hébé, comme je le dis, et une vierge de Raphaël. Lorsque ses paupières noires et longues s'abaissaient sur ses joues, elle était vraiment une des plus jolies femmes que j'aie vue.

Après avoir parlé de la danse et des jolies femmes, je vais parler d'un sujet un peu opposé : c'est de la manière dont on porte le viatique en Espagne, et particulièrement à Madrid. C'est toujours une chose qui se fait avec une grande pompe. La première personne en voiture, qui se trouve sur le passage, en descend pour offrir son *carrosse à Dieu*. Philippe V était à Madrid depuis peu de jours, lorsqu'il rencontra ainsi le viatique qu'on allait porter à un malade; il descendit aussitôt de son carrosse, et suivit à pied, la tête nue. Cette action lui fit le plus grand honneur, et les Espagnols, lorsqu'ils parlaient du roi, frappés d'ailleurs *de sa beauté, après avoir eu longtemps de vilains visages*, répétaient : *Nuestro hermoso señor Don Felipe quinto*.

Cette action du viatique lui fut surtout comptée lorsque l'archiduc entra dans Madrid ; car l'Autrichien ne fit jamais la même chose, quoiqu'il rencontrât souvent le viatique.

A Madrid, il y avait une pompe singulière pour porter le viatique. Voilà comment je l'ai vu porter avant les troubles d'Aranjuez, et même bien long-temps après. Le viatique était précédé de beaucoup de porteurs de cierges, de six hautbois maures, instrumens aigus, qu'on appelle *donzainas*, et quelquefois même d'un petit tambour, qui s'accordait à ravir avec ces malheureux donzainas. Ils entraient tant qu'ils pouvaient dans la chambre du mourant. On peut juger du bien qu'on lui faisait.

Quant au viatique lui-même, il était porté moins bruyamment. Le prêtre appelé *porte-Dieu* sortait de l'église mystérieusement, ayant le manteau sur le nez, le chapeau sur la tête, et le viatique dans sa poche. Cette coutume venait du temps des Maures, lorsque Madrid était environnée d'infidèles, et lorsqu'on craignait une profanation ; alors le prêtre mettait le bon Dieu dans un sac pour éviter ce malheur. On voit, comme je l'ai dit, que les Espagnols n'aiment pas à abandonner leurs anciennes habitudes.

Lorsque les cris du prêtre, les accords des donzainas, le bruit des assistans avaient achevé de rendre le malade bien agonisant, on le couvrait, pour en finir, d'un habit religieux, comme il l'aurait choisi pour être enterré; et puis on le laissait mourir tranquillement. Il était bien temps!

Dans certaines provinces d'Espagne, les amis et les parens envoient des plats tout apprêtés pendant les premiers jours du deuil, parce qu'il est censé que la douleur empêche de donner les ordres nécessaires pour diriger sa maison. J'ai vu cela à Léon et dans une petite ville appelée *Ledesma*, que j'ai habitée pendant quelques semaines.

C'est dans cette ville de Ledesma que j'ai vu un combat de taureaux assez remarquable, et que mon mari fit organiser pour m'en donner une idée. Il fut fait presque entièrement par un nommé *Antonio*, ami de *Pepehilho*, et surnommé, par Pepé lui-même, *segunda espada de España*. Cet homme avait une grande habileté pour tuer le taureau du premier coup, en lui donnant un coup d'épée au défaut de l'épaule. Il tua, dans la matinée, cinq taureaux sauvages et trois plus aguerris. Cette fête fut vraiment belle; on en peut voir le récit dans mes Mémoires.

La semaine sainte est encore une chose bien remarquable en Espagne. J'étais à Valladolid lors de la semaine sainte, la première année de la guerre. L'Empereur avait dit que le clergé espagnol pourrait tout ordonner, et que rien ne le gênerait dans l'ordonnance de ses fêtes; en conséquence les processions eurent lieu comme si les Français n'eussent pas été en Espagne, et il y eut une extrême réserve et un respect dont l'évêque vint me remercier.

— Monseigneur, lui dis-je, comment donc croyez-vous que nous vivons en France?... Nous avons de la piété, et, permettez-moi de vous le dire, plus peut-être qu'en Espagne.

Il sourit.

— Vous ne me croyez pas, Monseigneur, et au

premier moment j'ai l'air d'avancer un paradoxe, mais c'est cependant la vérité. Croyez-moi, nous sommes pieux comme des gens qui ont beaucoup souffert.

Il secoua la tête.

— Cela rend injuste envers la Providence, dit-il enfin.

— Les ames mal nées. Moi, je pense au contraire que le malheur éprouve et rend meilleur. Au reste, Monseigneur, vous devez être bon juge dans cette matière, car vous avez souffert... et vous êtes pieux et croyant comme tout le clergé épiscopal en Espagne [1].

Il fut flatté de ma louange, qui n'était au reste qu'une justice rendue. En Espagne rien n'est plus vertueux et meilleur que les évêques et les archevêques. Les curés sont ineptes et fort mauvais; leur religion est ascétique et en même temps d'une morale tellement relâchée, qu'il y a scandale; je n'en ai vu que de fanatiques et de cruels. Les évêques, au con-

---

[1] Il avait été exilé et puis rappelé.

traire, à quelques exceptions près, sont l'honneur de l'église catholique. L'archevêque de Tolède, celui de Séville, celui de Grenade, étaient cités comme des patriarches et regardés avec raison comme les pères de leur diocèse. C'était l'opposé de notre clergé français avant la révolution... le haut clergé dépravé, dissolu, débauché, et nos curés parfaitement évangéliques et l'exemple de leurs paroissiens [1]. Combien encore aujourd'hui n'en voyons-nous pas qui, étant sans pain et sans vêtemens, partagent le peu qu'ils ont avec leurs pauvres!

[1] On me citera quelques exemples du contraire; qu'est-ce que cela prouve? qu'il y a des exceptions, et voilà tout.

FIN DU PREMIER VOLUME.

TABLE

DES

CHAPITRES DU PREMIER VOLUME.

CHAPITRE Ier. — Bayonne. — Les Landes de Bordeaux. — Entrée en Espagne. — Les trois provinces Vascongades.   1

CHAPITRE II. — Burgos et la Vieille-Castille. — Histoire naturelle. — Richesses, en ce genre, de la Vieille-Castille. — Description de Burgos. — Le Cid et Chimène. — Le Christ des Augustins. — Valladolid. — Saint-Paul. — L'Inquisition. — Détails curieux.   43

CHAPITRE III. — Madrid. — Ses églises. — Ses palais. — La cour de Charles IV et la reine Maria Luisa. — La princesses des Asturies, sœur de la reine des Français. — Le prince des Asturies, depuis Ferdinand VII. — Le prince de la Paix. — Madame Tudo.   235

FIN DE LA TABLE DU PREMIER VOLUME.

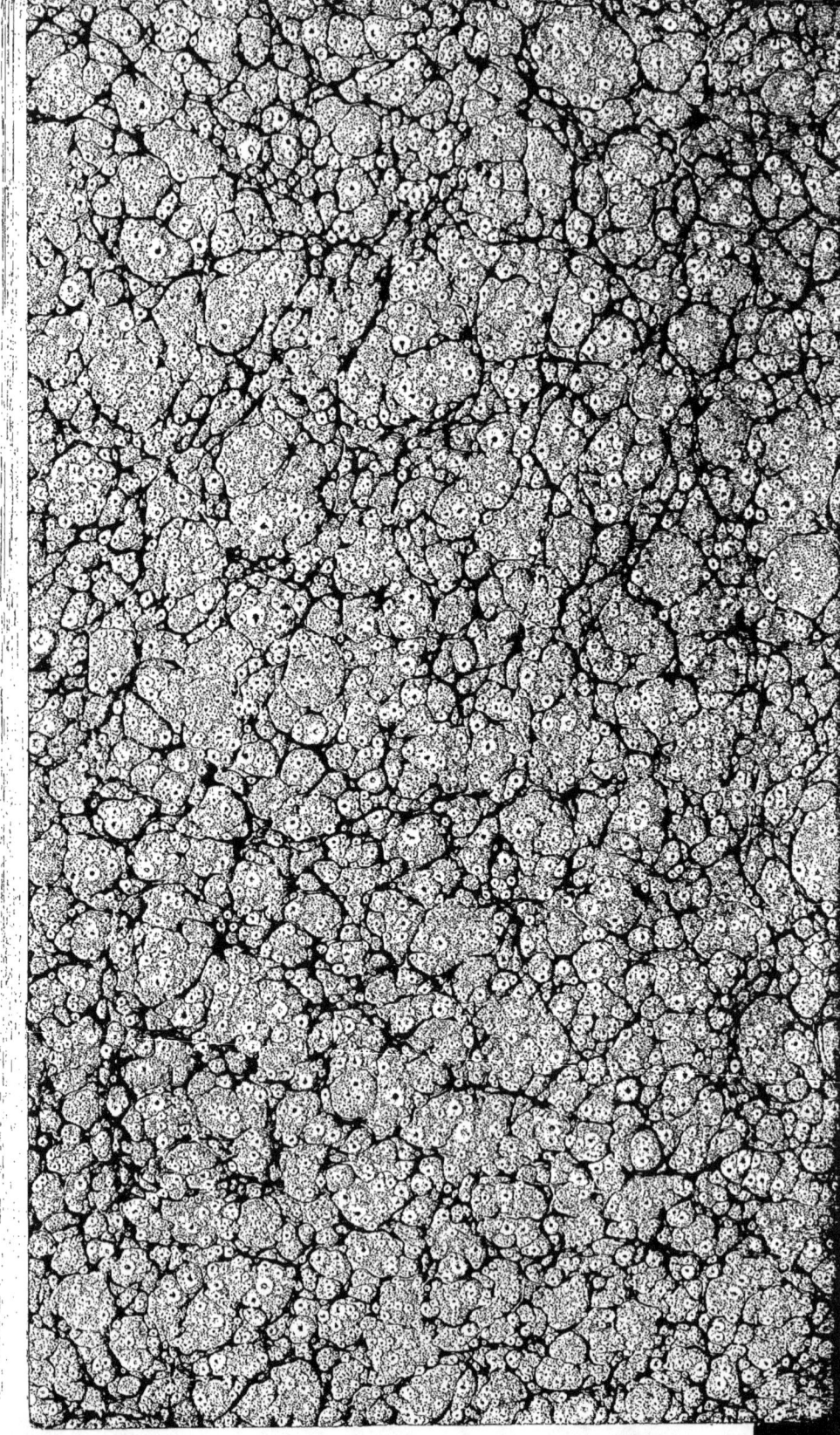

www.ingramcontent.com/pod-product-compliance
Lightning Source LLC
Chambersburg PA
CBHW050745170426
43202CB00013B/2305